KB048905

유별난 성소수자 가족공동체 이야기
신新가족의 탄생
ⓒ친구사이+가구넷, 2018

초판 1쇄 2018년 5월 28일 발행

지은이 친구사이+가구넷
펴낸이 김성실
책임편집 박성훈
교정교열 김태현
표지 [★]규
본문 이주영
제작 한영문화사

펴낸곳 시대의창   등록 제10-1756호(1999. 5. 11)
주소 03985 서울시 마포구 연희로 19-1
전화 02)335-6121   팩스 02)325-5607
전자우편 sidaebooks@daum.net
페이스북 www.facebook.com/sidaebooks
트위터 @sidaebooks

ISBN 978-89-5940-669-2 (03330)

잘못된 책은 구입하신 곳에서 바꾸어드립니다.

이 도서의 국립중앙도서관 출판예정도서목록(CIP)은
서지정보유통지원시스템 홈페이지(http://seoji.nl.go.kr)와
국가자료공동목록시스템(http://www.nl.go.kr/kolisnet)에서 이용하실 수 있습니다.
(CIP제어번호: CIP2018011738)

유별난 성소수자
가족공동체 이야기

新

가족의 탄생

친구사이 + 가구넷 지음

시대의창

사랑이 이긴다

"우리는 어디에나 있다."

마음에 와닿는 문구이다. 실제로 성소수자는 어디에나 있다. 때로는 바로 내 옆에 있기도 하고, 때로는 그냥 스쳐 지나가기도 한다. 내가 잘 알지 못하기 때문에 낯설고, 때로는 두려운 존재로 느낄 뿐이다. 이 글을 마무리하는 동안에도 여러 일이 동시다발적으로 일어났다. 충청남도에서는 비성소수자만 도민인 것도 아닌데 누군가의 '인권'을 폐지하기에 이르렀다. 그 선두에는 예수를 믿는다고 자처하는 이들이 서 있다. 충남인권조례 폐지안은 재석 의원 26명 전원 찬성으로 가결되었다. 반인권적 행태로 길이 남게 될 이 사건으로 당분간 각 지역에서 분노와 탄식이 터져 나올 것 같아 한숨을 길게 내쉬게 된다.

혐오의 물결이 넘실대는 이 사회에 서로를 인생의 동반자로 여기며 기존의 가족과는 다른 모습의 '신新가족'으로 살아가는 이들이 있다. 생물학적인 여/남 관계만을 정상으로 여기는 이 사회의 오랜 관행에 균열을 내는 이들이다.

열 가족공동체의 이야기를 담은 이 책은 요란한 소리를 내기보다는 일상을 담담하고 소소하게 담아낸다. 은은하고도 따스한 불빛을 머금고 '사랑'의 기운을 우리에게 전해준다. 서로를 깊이 보듬고 살아가는 사람들의 이야깃주머니에는 서로에게 반했던 순간이 담겨 있는가 하면, 함께 발붙이고 살아가는 이 사회에서 일어난 역사적 사건, 서로가 공유하고 있는 공간의 내음, 그리고 당사자들에게 용기를 북돋워줬던 이들의 온기가 담겨 있다.

하지만 문을 열고 한 발짝 나가는 순간 마주하게 되는 사회 구조 속에서 겪어야 하는 일상은 혼인신고를 하는 대신 한날한시에 개명을 하거나(낮잠과 유다), 서로를 '친구' 아니면 '형제'라고 답하기 일쑤이며(플플달 제이와 크리스), 누가 봐도 '가족'이라는 이름 외에 달리 표현하기 힘든 관계지만 사회는 여전히 그들을 남남으로 바라본다(승정과 정남).

과연 가족이란 무엇일까?

"피가 섞이지 않은 사람들끼리 같이 산다고 해서 과연 얼마나 가족 같겠냐"(무지개집)라는 질문은 그래서 중요하다. "구성원들과의 소통과 교류를 통해 소속감과 안정감을 안겨주고, 친밀한 관계를 바탕으로 공동의 목적을 이루는"(성북마을무지개) 관계를 '가족'

이라고 칭하는 것은 결코 '비정상'이 아니다. 법적인 평등을 이루기까지 지난한 과정을 거쳐야 하겠지만 여기에 등장하는 커플들과 공동체들의 이야기는 그날이 그리 멀지 않았음을 느끼게끔 해준다.

어딘가에서 본 듯한 친근한 이들의 모습이 담겨 있는 사진을 보며 "저희는 결국 서로의 용기이고 서로의 완성이에요"(달의이면과 하제)라는 고백에 이르게 될 즈음, 저릿하게 스며드는 사랑의 기운이 읽는 이들의 가슴 가슴마다 차오를 것이라 확신한다.

그렇다. 사랑이 이긴다!

임보라(섬돌향린교회 목사)

차례

1

사랑에 차별이 있나요

| 레 즈 비 언 부 부 |
| '낮잠과 유다' 이야기 |

"파트너와 이야기해봤는데, 집으로 초대해 인터뷰하는 편이 여러 이야기 나누기에 편할 듯해서요. 대단치 않은 집이지만 오셔서 다과 하며 자연스레 이야기 나눠요. :-)"

2016년 봄, 낮잠과 유다는 고양시의 한 LH 아파트로 이사했다. 새 보금자리를 낯선 손님들에게 공개하기까지 고민이 얼마나 많았을까 생각하니 고마움이 앞섰다. 9년간 수차례 이사 끝에 비로소 마련했다는 그들만의 공간은 커튼 사이로 스르르 비치는 햇살을 머금고 우리를 따스하게 반겨주었다.

첫눈에 이 사람이라고 확신하다

어느 부부에게나 시작의 순간이 있다. 두 사람의 오랜 인연도 처음으로 거슬러 올라가면 풋풋하고 서툴렀던 한 시기에 다다른다. 2007년 가을, 유다의 눈에 낮잠이 들어왔다. 문예창작학과에서 시와 소설을 전공했고, 제롬 데이비드 샐린저Jerome David Salinger와 여성 영화를 좋아하며, 같은 취미와 취향을 가진 두 사람의 만남을 '운명'이라는 말 외에 무엇으로 설명할 수 있을까.

유다 이상형을 물으면 농담 삼아 하던 말이 있어요. 게이들의 크루징cruising(공공장소에서 데이트 상대를 찾는 일) 장소였던 파고다극장에서 사망해 동성애자라는 설이 있던 기형도 시인의 시를 좋아해서 "여자 기형도가 이상형"이라고 했거든요. 농담만은 아니었던 것이, 10대 시절 정체성으로 고민할 때 시를 읽으며 위안받았기에 이런 면을 공유할 수 있는 파트너를 만나고 싶었어요.

낮잠을 만난 건 한 레즈비언 사진동호회 모임에 처음 나갔을 때였어요. 출사 마치고 지하철을 기다리는데 무리에서 외따로 떨어져 앉아 있더라고요. 말을 걸고 얼마 지나지 않아 낮잠에게 "전공이 같다" "김혜순 시인께 배웠는데 시만 생각하던 그때가 그립다" 등의 얘기를 들었죠. "서울살이가 힘들지 않나?"라고도 묻더군요. 마음이 덜컹했어요. 다시 그때를 떠올려도 '운명'이나 '숙명' 외에 다른 말을 찾기 어려워요. 지금은 이상형과 매일 문학 얘길 나누며 살고 있으니 힘든 서울살이 덕에 이루고 싶은 모든 걸 이룬 셈이죠. (웃음)

낮잠 저는 조금 달랐어요. 그렇게 만나기 1년 전에 이미 동호회 온라인 카페에서 유다의 이름을 봤거든요. 동호회 게시판에 '자기소개 100문 100답'을 필수로 올려야 하는데, 그중 유다의 대답이 기억에 남더라고요. 좋아하는 책으로 샐린저의 《호밀밭의 파수꾼》을 꼽은 점 등 저와 겹치는 게 꽤 있었어요. 그래서 싸이월드 미니홈피에도 들어가 봤는데, 애인이 있더라고요. 안 되겠다 싶어 그냥 '에잇!' 하고 말았죠. 그러다 한참 뒤에 동호회에서 만난 거예요. 유다가 먼저 다가오긴 했지만 관심을 가진 건 제가 먼저였어요.

운명이라 정의한 만남을 유다는 쉬이 접지 못했다. 지방에서 올라와 느낀 서울살이의 고단함을 부담 없이 들어주는 친구 혹은 선배가 생겼다는 게 얼마나 커다란 위안이었을까. 낮잠도 마찬가지였다. 첫 만남부터 이질감이 없고 개그 코드와 음담패설(!)까지 잘 맞는 사람은 유다가 유일했다.

유다 그해 겨울 초입 청계천 어디에선가 했던 이야기도 생각나요. 낮잠과 거닐면 대화가 깊어졌어요. 어린 시절 친오빠들에게 성폭행을 당했고, 그래서 부모님 사는 곳에 거의 가지 않는다고 말했어요. 어려운 이야기였지만 자연스레 듣더니 "네 잘못이 아니고, 말해줘서 고맙다"라고 하더군요. 상담 치료를 권한 것도 낮잠이었어요. 아동 성폭력을 다룬 질 티보Gilles Tibo의 동화《네 잘못이 아니야, 나탈리》도 선물해줬어요. 그런 것들이 우리 만남을 끈끈하게 하는 계기가 되었죠. 심리적으로 큰 위안이 되었고, 사려 깊은 낮잠에게 더 깊이 빠졌어요.

낮잠 유다가 이렇게 말하면 저만 도움을 준 것 같지만, 그때 저도 서른을 앞둔 때라 머리가 복잡하고 불안했어요. 원가족과의 관계 때문에 혼란스럽기도 했고, 출판사 편집부 생활을 하면서 작가의 꿈과는 멀어져 직장 생활도 고민했고요. 결국 함께 기댄 셈이죠. 대화를 많이 나눈 것만으로도 저 또한 위안받았어요.

유년기의 상처로 제 안의 어둠을 홀로 감당해온 유다에게 낮잠은 한 줄기 빛과 같았다. 하지만 행복도 잠시. 유다는 대안학교 교사로 보람 있게 일하며 악몽 같던 지난 기억을 잘 감당하는 듯했지만, 이 시기 트라우마는 결국 병증으로 나타나 두 사람의 인연을 갈라놓았다. 외상 후 스트레스 장애post traumatic stress disorder와 그로 인한 조울증. 유다는 병을 치료하기 위해, 그토록 거부했던 부모 형제의 곁으로 다시 가야 했다. 당시에는 연인도 부부도 아니었던 낮잠은 안타까움을 억누른 채 꼭 나아서 돌아오라고 유다에게 전하는 수밖에 없었다.

유다 건강을 회복하려는 의지의 한가운데에는 낮잠이 있었어요. 더 건강해져서 만날 요량으로 병원 치료도 받았는데, 나중에 알고 보니 부모님 생각은 달랐더라고요. 그 시기 부모님께 여러 이야기를 털어놓으면서 커밍아웃을 했는데, 어머니는 정신적 외상뿐 아니라 제가 동성애자인 것까지도 치료의 대상으로 생각하셨어요. 의료진이 여러 번 "동성애는 병이 아니다"라고 정확히 안내했지만요. (웃음)

이듬해 2월, 유다는 빠르게 회복했다. 테니스, 탁구 등 하루 다섯 시간 넘게 운동하고 주치의 복약지도와 식생활 처방을 철저히 따랐다. 낮잠과의 '인간적인 대화'에 대한 기대 때문이었다. '병'을 경계로 두 사람의 러브 스토리는 순탄치 않았다. 서울에서 네 시간도 더 걸리는 지방. 전화도 쉽지 않았다.

유다 병은 다스렸지만, 형제도 부모님도 그대로였어요. 제가 아픈 것은 약해서라며 잘못을 시인하지 않고 제게 책임을 돌렸어요. 무언가 잘못되었다고 느꼈죠. 독립해서 살 곳이 필요했고, 건강하고 깊은 대화가 절실했어요. 하지만 낮잠에게 부담이 되기 싫어 만나자는 말은 꺼내지도 못하고, 이런저런 고백도 차일피일 미룰 수밖에 없었어요. 그러던 어느 날 도서관에서 메신저로 얘기하다가 대화창에 썼어요. "만약 내 병이 낫는다면 나랑 결혼해줄래요?" 정말 폭탄 같은 프러포즈였죠. 독일이든 어디든 당장 가서 도장을 찍자, 그런 분위기였으니

까요. 낮잠이 "웬 결혼? 생각해보겠다"라고 반응했지만 "생각해볼 수
없다. 지금 당장 답을 달라!"라고 했어요. 그날이 저희의 은밀한 결혼
기념일이에요. (웃음)

2008년 2월 27일, 유다는 낮잠에게 거친 청혼을 했다. 이날을
계기로 유다는 그해 봄 아현동 옥탑방을 빌렸고 그곳에서 두 사람
은 결혼 생활을 시작했다. 홍대 근처에서 하우스메이트와 살던 낮
잠이 자기 생활을 정리하고 유다와 살기까지 두 사람의 동거 과정
은 매우 복잡했다. 여러 사건이 터지는 대혼란의 시기에도 두 사람
이 견뎌내며 함께 살게 된 이유는 단 하나, 사랑이었다.

사랑 뒤에 찾아온 것들

누구에게나 상처는 있다. 두 사람은 자신의 상처를 새로 꾸린 가족
안에서 보듬으며 이겨내고 있다. 이를 솔직하게 드러내 비슷한 시
기를 지나는 이들에게 도움이 되었으면 한다는 낮잠과 유다. 복잡
한 상황 가운데서도 2008년부터 차곡차곡 쌓아온 추억은 고스란
히 둘의 사진첩에 담겨 있었다. 두 사람은 부부가 되어 함께 혼인
신고를 하는 대신 한날한시에 개명을 했다. 감성적인 한글 이름을
지은 낮잠과 '부드러움이 많다[柔多]'라는 뜻의 유다. 그들의 관계
에는 서로 보완하며 성장하는 관계를 넘어선 특별함이 스며 있다.

낮잠 단순한 연민은 아니었어요. 유다는 재능이 넘쳐서 한때 제게 과분한 사람이라고 여겼으니까요. (웃음) 관리해야 할 지병이 있을 뿐인데, 누구나 살면서 한 번쯤 아플 수 있잖아요. 결혼을 단번에 승낙하지 않은 건 단순한 이유였어요. 이렇게 뜨겁다가 언젠가는 변하지 않을까 하는 마음. 동성애자로서 '결혼'이라는 단어가 어색하기도 했고요. 아직 우리나라는 동성 결혼 법제화에 대한 인식도 미약하고 제도가 마련되어 있지도 않으니까요.

자신에게 특별한 단 한 사람에게 전하고 싶은 말, 어떤 것이 있을까. 유다의 고민은 그 지점이었다. 다시 말해 성소수자로 살아가면서 '결혼'이라는 단어를 떠올린다는 건, 당신을 진지하게 생각하며 진심으로 원한다는 표현이라는 것이다. 낮잠과 유다에게 청혼은 9년째인 지금까지 해마다 반복되었고, 내년에도 다시 이루어질 것이다.

유다 물론 저희에게도 '결혼'이나 '가족'이라는 단어가 마냥 긍정적인 건 아니에요. 복잡미묘한 감정을 불러일으키는 말이잖아요. 그래도 쉽게 쓰는 현실 언어니까 버리지 말고 새로 구성해 사용하려는 거죠. '결혼·가족=이성애자 부부와 그 자녀'인 것은 부당하잖아요.

유다가 결혼을 확신한 것은 낮잠이 병문안 왔을 때였다. 눈 오는 날, 화분을 들고 네 시간여 기차를 타고 온 낮잠. 유다 눈에는 그가 영화 〈레옹〉의 소녀 마틸다로 보였다. 낮잠에게는 그간 유다를 찾기 어려운 사정이 있었다. "잘 타일러서 가족과 살게 하라"고 청하는 유다의 어머니, "상처 없는 곳에서 건강한 새 삶을 꾸리겠다"는 유다. 그 사이에서 낮잠은 유다의 손을 들어줄 수밖에 없었다. 어머니는 상심했다. 낮잠은 유다에게 희망과 용기를 준 대신 유다 원가족의 미움을 샀다.

> 유다 낮잠은 정의로운 사람이에요. 미움을 감수하고 진실을 알리는 건 쉽지 않은 일이죠. 돌이켜보면 저는 그날 낮잠의 방문으로 다른 삶을 살 기회를 얻은 셈이에요.

두 사람의 만남은 그들 자신을 변화시켰다. 그중 가장 큰 부분이 커밍아웃이었다. 낮잠과 유다는 서로에 대한 확신을 바탕으로 자신들의 성적 지향을 원가족과 지인에게 알렸다. 유다는 위기의 순간에 정신적 고통 속에서 레즈비언으로서의 자기 행복과 의지를 드러내고 기억하기 위해 커밍아웃을 했다. 부모님은 혼란스러워했지만, 돌이켜보면 '나는 이렇게 살아갈 것이다'라는 당당한 표현이 탈출구가 되어 지금의 건강한 관계로 이어진 것 같아 그저 감사할 따름이다.

낮잠의 커밍아웃은 더 다채롭다. 평소 친구들과 직장 동료들에게는 자연스레 정체성을 알려왔지만, 유독 가족에게는 주저할 수밖에 없었다. 고령의 부모님과 형제들에게 군이 성적 지향까지 말하는 것이 어색했기 때문이었다. 그래도 유다를 만난 후 확신이 들어 어머니께 알렸다. 여든이 가까우신 어머니께서 자식이 홀로 외롭게 산다고 여기기보다 인생길 의지할 배우자가 있다고 아시는 편이 안심될 것이라 판단해서였다.

> **낮잠** 예상대로 어머니는 오히려 반가워하셨어요. 이미 아시는 눈치였는데, '네가 이제야 말하는구나' 하는 반응이랄까요? 어머니는 제게 늘 원하는 대로 하라고 하셨죠. 세상의 이목보단 사랑이 더 중요하다고요. 독실한 기독교인인 언니는 강경하게 반대했어요. 언니와 나이 차이가 커서 어릴 적에는 언니가 이것저것 챙겨주곤 했거든요. 제2의 부모 같은 존재랄까요? 그런데 유다와 함께 집에 가면 아예 자리를 뜨고 피하더라고요. 이제는 저도 언니를 챙기고 싶은데, 그게 안 되니까 갈등이 컸어요.

기독교인인 언니가 냉대했을 때 낮잠의 서운함은 이루 말할 수 없었다. 그렇다면 방송에서 동성애 관련 뉴스가 나올 때마다 욕을 하셨다는 아버지는 딸의 고백을 받아들이셨을까?

낮잠 아버지 생각은 잘 모르겠어요. 원래 깊은 대화를 안 나누는 사이였으니 갑자기 어색하기도 하고요. 요즘 귀도 잘 안 들리셔서 소통이 더 어려워졌어요. (웃음)

유다 아버님이랑 저랑 성격이 비슷한 면이 있어서 이야기가 잘 통하거든요. 넷이서 제주도로 가족 여행을 다녀온 뒤로 사이가 더 가까워졌어요. 언니 또한 종교적 신념으로 갈등하고 있을 뿐, 이 집을 마련할 때 잘 살라고 큰돈을 보내주셨죠. 낮잠의 가족 안에서 더 확장된 온기를 느낄 때가 많아요. 방송에서 뵌 홍석천 씨 부모님처럼 나름의 방식으로 응원해주시는 느낌이 들어요. 확실한 건 이젠 저희를 단순히 '친구' 사이로 여기지 않으신다는 거죠.

'부부'라는 이름을 얻기 위한 여정

우리나라에서 '부부'라는 이름은 아직 이성애 중심적이다. '법률상 혼인 관계에 있는 남녀의 신분'이라는 정의가 이를 증명한다. 실제로 부부 관계가 실감 날 때는 주민센터나 병원, 경찰서 등에서 법적 혼인 상태 증명이 필요할 때다. 그렇기에 두 사람에게 부부라는 관계, 부부라고 정의되는 모든 순간은 매우 특별할 수밖에 없다.

유다 실제로 부부 관계에서의 온갖 역동이 다 일어나기 때문에 저희

스스로는 '부부'라고 규정하고 살아요. 부모님 모시고 어디 갈 때도 부부라는 느낌이 들고요. 식당에 같이 가서 제가 "어머니" 하고 부르면 눈치 빠른 분들은 무슨 관계인지 궁금해하시더라고요. 세금도 연체 없이 내고 국가에 대한 의무는 이성애 부부 이상으로 지켜요. 하지만 혼인 관련법이 개정되지 않는 한 현실에 없는 '현실 초월적인' 관계죠. 이번에 LH공사를 통해 이 집을 구할 때도 관리사무소에서 자매냐고 묻더라고요. 그럴 땐 간단하게 등초본상 명칭인 "동거인"이라 답하지만 그게 우리의 진짜 이름은 아니죠.

낮잠 주변 친구들에게 부부라고 소개하면 결혼식 올리라는 얘기가 나오고, 일반 부부라면 지킬 법한 예의가 무시되는 경향이 있어요. 우리는 연인이 아닌 부부라고 강조했는데도 학교 모임 중에 누가 결혼한다는 얘기가 나오니까 친한 친구가 "우리 중 가장 먼저 결혼하네?"라고 해서 서운했던 적도 있고요. 굳이 당차게 정정하면서도 내심 '저 녀석 우리를 어떤 관계로 생각하고 있나?' 고민도 하게 돼요.

김조광수·김승환 부부처럼 공개적으로 결혼 예식을 올려야 부부로 인정받을 수 있다면 보편적 권리 실현이라 보기 어려울 것이다. 심지어 김김 부부도 아직 법적으로 혼인신고가 수리되지 않았다. 성소수자로 살면서 결국에는 본의 아니게 정치적 흐름과 만날 수밖에 없는 상황이라면, 이를 어떻게 생각해야 할까.

유다 저희 둘 다 글 쓰는 사람이라 정치와 호흡이 다른 부분이 있어요. 심지어 진보 정치와도 마찬가지죠. 한데 성소수자 부부로 살면서 자연스레 사회 변화의 흐름과 마주할 때가 있어요. 동성 결혼 법제화 운동이나 가구넷(가족구성권 보장을 위한 네트워크) 활동도 비슷한 맥락이죠.

낮잠 급진 성향이라 보수 기독교인, 일베 등 사회 일부의 지탄과 조롱에 맞서는 것은 두렵지 않아요. 정체성을 드러내면서 사는 것은 자연스러운 일이죠. 그 정체성의 일부가 뚜렷한 이유 없이 차별받는다면 의도적으로 드러내 바꾸려 하는 것이고요. 노예 해방, 여성 참정권 획득이 그러한 과정을 거쳤듯이 말이죠. 저희도 사회의 병적인 관심은 원하지 않아요. 지난 9년간 그랬듯이 조용히 행복하게 서로를 돌보며 성장하고 싶어요. 개인의 인권이 지켜지는 좀 더 평등한 사회에서 살고 싶다는 바람은 그저 욕심일까요?

2014년 서울국제여성영화제에서 상영한 〈마가리타Margarita〉의 도미니크 카르도나Dominique Cardona 감독은 감독과의 대화 시간에 "캐나다에서는 영화 만드는 사람들이 동성 결혼 법제화를 위해 엄청나게 싸웠다"라고 말했지만, 정작 법제화 이후 본인은 파트너와 결혼하지 않았다고 한다. 이유는 간단하다. "결혼이 별로 필요하지 않아서." 결혼이 언제든 가능한 사회와 결혼하고 싶어도 할 수 없

는 사회는 분명 차이가 있다. 그날 객석에 있었던 낮잠과 유다에게
도 결혼의 의미는 비슷하다. 법제화도 반드시 이루어내야 하지만
상징적 의미에서 '부부' '결혼' '가족'이라는 단어의 의미를 새롭
게 하기 위한 싸움이라는 두 사람. 둘, 어쩌면 그 이상의 의미 깊은
공동체를 정의하고자 하는 흐름 속에서 우리 중 누군가는 부단히
도 일상에서 부딪히고 경험하며 자연스럽게 정치적 흐름과 만날
수밖에 없다.

　너무나 평범한, 결혼하면 으레 주어지는 관계의 이름 '부부'.
결혼도 이혼도 흔한 사회에서 유독 누군가에게는 그 이름이 결코
닿지 못하는 '무지개 너머'에 있다는 건 비극이다. 병원에서 가족
동의가 필요할 때 대상에서 열외되며 느끼는 불안감. '배우자에게
무슨 일이 생기면 내가 실질적으로 도움이 될 수 있을까?' 하는 걱
정이 들기 마련이다. 그래서 '생활동반자법' 같은 대안이 나오지
만, 일상의 자기 영역에서 할 수 있는 최선을 생각하는 것이 먼저
다. 이는 이 책의 기획 의도이기도 하다.

　유다 당장 세상의 흐름을 만들고 뒤집을 순 없어도, 적어도 우리가 지
　금 이 자리에서 할 수 있는 게 한 가지는 있더라고요. 우리 존재를 주
　변에 알리고 계속 대화를 시도하는 거죠. 일상에서의 변화도 중요하
　다고 느낀 것이, 주치의 선생님이 저희 두 사람을 '부부' 혹은 '배우
　자' 관계로 보시거든요. 보호자는 '가족'이어야 하는데, 낮잠을 제 든

든한 보호자로 지칭하시고 "커밍아웃은 꼭 필요한 용기고 두 분의 의미 있는 관계가 감추는 두려움으로 고통받는 후배들에게 전해졌으면 좋겠다"라고 말씀하세요. 이러한 정서적 지지를 통해 사회 변화에도 자그마한 희망을 품어요.

지금 가능한 범위 안에서의 변화를 위해 가구넷의 '커플 당사자 모임'에도 참여했다. 낮잠과 유다는 이민에 회의적이다. 인종 차별, 소득 격차 등 유럽과 미주에 존재하는 다른 차별을 충분히 예상할 수 있기 때문이다. 모든 성소수자가 공식 결혼을 원하는 것은 아니기에 시민결합* 같은 대안도 의미가 있으며, 보다 폭넓은 변화를 가져올 것으로 기대한다. 문제는 얼마나 많은 한국인이 시민결합을 자연스럽고 평등한 관계로 수용할 것인가 하는 점이다. 2014년 실시한 '한국 LGBTI 커뮤니티 사회적 욕구 조사'는 가장 중요한 LGBTI 정책 이슈로 '동성 커플에 대한 법적 결혼 인정'을 두 번째로, '결혼이 아닌 동성 커플을 위한 파트너 관계 법적 인정'을 네 번째로 꼽았다.

---

* 혼인 관계에 준하여 배우자로서의 권리와 상속, 세제, 보험, 의료, 입양, 양육 등의 법적 이익을 일부 혹은 온전히 보장하는 가족 제도.

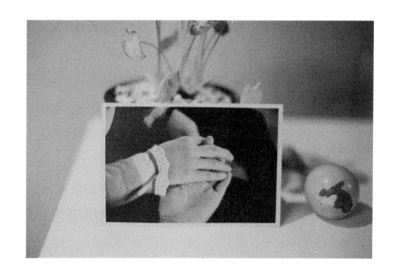

결혼 생활, 느끼는 대로

동성 부부의 결혼 생활은 무엇이 다를까? '남편'이 없으면 누가 돈을 버는지, '여자 사위'가 생기면 손주를 어찌 볼 건지 따위의 질문에 곤혹스럽지는 않을까? 사람 먹고사는 게 다 비슷비슷, 그게 그거일 수 있는데. 두 사람의 속내를 좀 더 들여다보자.

유다 부끄러운 얘기지만 결혼 생활 초기에는 낮잠이 요리와 돌봄을 잘하고 제가 가사에 미숙해서 소위 '성별화' 경향을 피할 수 없었어요. (웃음) 보쉬 전동드릴 같은 공구를 좋아해서 조이고 고치는 일에 집착하기도 하고요. 화장실 청소와 빨래는 제 담당이지만 집안일이 한두 가지가 아니잖아요. 오죽하면 주치의 선생님이 "대안적으로 사시려는 분들이 그렇게 가사 분담을 못 하면 안 되죠"라고 하시더군요. 분발하라고요. 오래 같이 살다 보니 무엇보다 먹는 게 가장 중요하더라고요. 작년부터 조금씩 요리 시간과 종류를 늘리고 있어요.

닮아도 너무 닮은 취향과 가치관을 확인한지라 같이 살아도 문제가 없을 줄 알았는데 웬걸, 싸울 일이 무궁무진했다고 두 사람은 쑥스럽게 고백한다. 같은 유전자로 한배에서 나고 자라지 않은 이상 기질도 성격도 고향도 다른 두 사람이 한 가정을 꾸리는 게 어디 뚝딱하고 될 일인가. 청소하는 주기, 식사 시간 등 각종 습관이 쉽게 변할 리 만무하다. 지금은 많이 적응했지만, 한 작가의 책을 놓고 꼭두새벽까지 토론을 벌인다거나 마감 스트레스로 대립하는 등 아직도 싸울 일은 무궁무진하다.

낮잠 심지어 화해하는 방식을 놓고 서로 다투기도 했어요. (웃음) 싸우면 말을 안 하더라고요. 미안해서 말을 안 한다는 핑계로요.

유다 9년쯤 되니까 싸우는 방식은 확실히 터득한 것 같아요. 언성이 높아질 즈음이면 "우리 잠깐 쉬자"라고 해요. 그래도 시간으로 쌓은 믿음이 분명히 있어요. 싸우다가도 어차피 화해할 텐데 왜 이렇게 심각하게 싸우나 싶으면 이내 웃음이 터지죠.

함께 살기 위한 공간은 무엇보다 중요한데, 끝을 모르고 오르는 집값에 두 사람은 보금자리를 구하기가 여간 어렵지 않았다. LH공사에서 제공하는 주택도 '신혼부부'에게 주는 가산점을 동성 부부에게는 주지 않는다.

유다 독립을 준비한다면 본인에게 맞는 다양한 지역사회 환경이 있을 테니 서울을 고집하기보단 수도권, 도시 근교까지 고려해보길 권해요. 그런 변화로 좀 더 안정된 삶의 공간에서 함께 생활을 시작할 수 있어요. 불평등한 것을 바꾸는 동시에, 소수자 간에 서로 어떻게 사는지 생활 노하우를 공유하고 제도의 틈새를 파악해 충분히 활용하며 살면 좋지 않을까요? 동네에 닮은꼴 이웃이 늘어나면 좋겠어요.

결혼 생활자로서의 삶을 세세하게 공개하는 이유도 부부 생활을 원하는 이들이 기준을 너무 높이, 멀리만 두지 말고 가까이, 현실에 맞게 꾸리면 충분히 다른 삶도 가능하다는 점을 알리고 싶어서다. 성소수자 부부들이 마을 안에 살면서 언젠가 세상을 바꾸는 동시에 스스로 안전망을 만들어 소수자로서의 진정한 '독립'(경제적 독립+정신적 독립)을 유지하고 싶다는 바람이다. 낮잠과 유다는 더 많은 성소수자 이웃을 가까이서 만나고 싶어 한다.

탄탄한 관계의 두 사람이 꿈꾸는 미래에 그 관계를 더욱 결속해줄 존재, 아이를 위한 자리는 있을까? 낮잠은 두 사람 중 한 사람이 먼저 세상을 떠날 때를 걱정했다. 닮은 사람이 있으면 죽음 뒤에도 연결되어 있다는 느낌을 받을 수 있지 않겠냐는 바람도 조심스레 꺼내놓았다. 결혼한 부부의 대화에서 아이 이야기가 나오는 게 부자연스러운 일은 아니다.

낮잠 처음부터 그런 생각을 한 건 아닌데, 자연스럽게 생기더라고요. 같이 살다 보니 유다 닮은 아이를 만나고 싶어진 거죠. 친한 친구들이 가끔 아이 얘기 하면서 "너네는 안 키워봤으니까. 엄마가 되지 않으면 몰라"라며 주름잡거든요. (웃음) 어쩌면 그들보다 더 잘 키울 수도 있을 텐데 말이죠. 그렇다고 지금 아이가 없어서 불안하거나 비어 있는 느낌은 아니에요.

유다 입양 얘기도 해봤어요. 과학이 더 발달하면 난자끼리의 결합도 보편화될 수 있다는 예측도 접했고요. 10년쯤 뒤에는 다시 진지하게 고민해보지 않을까요? 언젠가 이성애자 친구의 남편이 우리 둘 같으면 애를 참 잘 키우겠다고 했대요. (웃음) 레즈비언 부부를 보면 '엄마가 둘'이라고 생각하는 것도 같아요. 물론 차별도 걱정되지요. 하지만 우릴 닮았다면 사랑으로 맞서는 법을 먼저 배울 거예요.

그래도 두 사람 모두 작가라 작품이 곧 아이나 다름없다니 그나마 다행이다. 하지만 함께 그리는 앞으로의 날들에 빠질 수 없는

과정인 '죽음'까지 고려한다면, 아이란 존재가 떠오르는 것은 어쩔
수 없다. 그래서 많은 성소수자 커플이 반려동물이나 다양한 식물
을 키우는지도 모른다. 사랑스러운 이름을 지어주고 보듬어 아껴
주는 그 마음이 오롯이 전해졌으면 좋겠다.

장벽을 넘어 새로운 꿈을 향해

인생의 동반자이자 서로의 반려자인 두 사람의 계획은 앞으로도
무궁무진하다. 그중 하나가 둘이 함께 독립 출판사를 운영하는 것
이다. 두 사람은 출판사에 다니며 콘텐츠 발굴과 집필에서 여러 장
벽을 느꼈다. 이를 과감히 넘어 좀 더 다양한 여성과 소수자의 이야

기를 세상에 당당히 알리고픈 소망이 있었는데, 이제 현실이 됐다.

낮잠 회의 때 막히는 부분들이 있었어요. 결국 출판사도 회사니까 영리적인 면을 우선으로 고려하는 데다가 성소수자 대중은 아예 없는 소비자로 취급하기도 해요. 예컨대 레즈비언 작가 앨리슨 벡델Alison Bechdel의 그래픽 노블《재미난 집》을 두고 콘텐츠의 우수성은 인정해도 내용에는 공감이 안 간다는 얘길 들었어요. 성소수자 작가이자 편집자로서 한계를 경험했죠.

유다 문학 세계, 상업화된 출판·예술 공간에 나름의 구조화된 틀과 헤게모니가 있는데, 이를 저희 나름의 방식으로 흔들고 뚫어보자는 생각으로 출판사를 만들었죠.

출판사 이름은 '움직씨'. 고착되지 않고 움직이는 책을 만들자는 의미로 낮잠이 지은, '동사'의 순우리말이다. 움직씨는 그리다, 쓰다, 찍다, 읽다, 여행하다 등 움직임을 나타내는 모든 말을 포괄한다. 독립 출판사의 시작에는 소박한 바람도 있다. 낮잠은 두 사람 이야기를, 유다는 어린 시절 트라우마를 각각 소설과 그림책으로 쓰고 있다. 서로의 책을 직접 만들어주고자 하는 선물의 의미도 있는 것이다. 지난해에는 '신나는센터'에서 주최한 성소수자 문화생산 컨퍼런스·마켓 '프라이드 페어'에도 참여했다. 두 사람은 움직씨의 홈페이지(www.queerbook.co.kr)와 트위터(@oomzicc)를 통해 상처를 창작으로 극복해온 성소수자 작가들을 폭넓게 만나고 싶어 한다.

실제로 예술계 곳곳에서 이제 성소수자 이야기는 낯설지 않다. 출판계만 해도 하류 문화라고 하는 소위 'BL' '야오이물'이 넘쳐나고, 순문학이든 장르문학이든 유명 작가의 작품 곳곳에 퀴어 코드가 스며 있으며, 어느 출판사 도서 목록에나 성소수자 문학. 인문 도서 등이 끼어 있다. 하지만 그러한 끼어듦만으로 만족하지 못해 두 사람은 본격적인 '퀴어 북' 출판을 시작하려 한다.

결국 처음 시작도, 이후에 남는 것도 두 사람이다. 낮잠과 유다는 수많은 관계의 생멸 사이에서 서로를 지켜왔다. 유다가 삶의 구멍으로 괴로워하던 시절, 그 구멍을 메워준 이가 낮잠이었다. 유다는 두 사람의 사주를 빗대어 이렇게 비유했다. 어린 시절 겪은 고난으로 자신은 물에 잠겨 '썩은 나무'가 되었고, 꽃나무 한 그루만 서 있는 산인 낮잠은 '쓸쓸한 큰 산'으로 허무한 시절을 보냈다. 하지만 둘이 만나 큰 산에 썩은 나무가 기대고, 결국에는 퇴비가 되고 물기도 흡수하여 여러 싹을 틔웠다. 역학을 배운 유다의 풀이가 제법 와 닿았다.

유다 그동안은 우리 관계가 힘 있고 건강하다는 것을 증명하기 위해 부단히 노력해온 시간이었어요. 그 덕에 '애 잘 키우겠다'는 평가도 받고 부모님도 안심하셨지요. 하지만 우리가 앞으로도 계속 이성애자 부부보다 몇 배씩 더 노력하며 사는 건 또 부자연스럽잖아요. 그저 자연스러운 모습이 우리 삶을 더 단단하게 하고, 독립된 개체로서 힘을 기르는 것이라고 생각해요. 가족이 커지고, 친구와 지인도 확장되다가 결국에는 다시 서로 인생의 '반려자'로 돌아가는 느낌이에요. 이제는 저를 돌보느라 힘겨웠던 낮잠의 구멍을 메우는 데 더 애쓰고 싶어요.

자기 인생 하나 부지하기 힘든 게 요즘 현실이라지만, 그래도 관계에 대한 희망을 놓지 않는다면 서로를 다독이고 보듬어주며 최소한의 안전망 안에서 살아갈 수 있을 것이다. 세월호 참사에서 확인했듯 국가가 만든 안전망에는 분명한 한계가 존재한다. 모든

개인에 대한 복지가 이루어지면 비로소 비혼도 얼마든지 선택지가 될 수 있다. 하지만 두 사람은 서로 기대어 성장하는 것이 의미 있으며, 수시로 커플 관계가 바뀐다면 언젠가 한계에 부딪힐 수 있다고 염려한다.

> **낮잠** 가족이 언젠가는 해체될 수도 있고, 다시 태어날 수도 있어요. 마음을 너무 닫아두진 말았으면 해요. 흔히들 돈이 많아 집 평수도, 생활도 여유 있어야 행복할 수 있다고 생각하지만, 저희는 아현동 옥탑 3평짜리 원룸에서 시작했어요. 돌이켜보면 그때가 가장 의미 있는 추억의 시간이거든요. 그 시절만큼 마음이 순수하고 아름다웠던 때가 또 있을까 싶을 정도로 좋았죠. 없어도 살 만하니 사랑이 있다면 '저질러보라'고 권하고 싶어요. (웃음)

> **유다** 여성주의 저널 《일다》의 한 기사에서 "망한 데서 시작하라"라는 표현을 보고 공감했어요. 현재 우리나라는 소위 '헬조선'이라는 폐허죠. 그래도 이 땅을 포기하지 말고 함께 시작했으면 좋겠어요. 새 시작이 꽤 근사할 수도 있어요.

이제 독립 출판사의 작가이자 공동 대표로서, 성소수자 가족 구성권 보장을 위해 먼저 용기 있게 나선 주인공으로서 또 한 걸음을 내디딜 두 사람의 행보를 기대해본다.

2

무지갯빛 마음이
모여 사는 곳

'무지개집'
사람들 이야기

한때 나는 주위 사람들과 다른 성 정체성으로 꽤 오랫동안 혼란스러워했다. 그때는 '평생 좋은 사람 못 만나서 외로이 늙어 죽는다면 얼마나 쓸쓸할까' 하는 두려움이 있었다. 지금 생각하면 참 쓸데없는 걱정이지만, 그때는 머릿속을 가득 채우고 있었다.

벽장문을 열고 마음을 함께 나눌 수 있는 사람들과 부대끼며 지내는 지금은 그 생각이 많이 옅어졌다. 비단 현재 좋은 사람을 만나 연애하고 있기 때문만은 아니다. 서로를 위하고 걱정해주는 친구들이 있고, 성소수자이기 이전에 인간으로서 당당히 누려야 할 기본적 인권을 쟁취하기 위해 목소리 높일 동료들이 있기 때문이다.

여기, 그러한 마음들이 모이고 모여 함께 사는 꿈을 이룬 공동체가 있다. 다양한 젠더와 세대의 구성원이 만나 일상을 공유하게 된 지금, 그들은 어떻게 살고 있을까? 또 하나의 커다란 가족의 탄생을 곁에서 응원하며 지켜봐온 사람들의 궁금증을 안고 비 온 뒤 맑게 갠 어느 날 '함께주택 2호-무지개집'(이하 무지개집) 거주자들과 함께주택협동조합 대표를 만났다.

:: 무지개집 전경 (사진: 함께주택협동조합)

공동체와 공간에 대한 고민

무지개집의 시작은 2014년 가을로 거슬러 올라간다. 2013년, 함께
주택협동조합의 첫 번째 작품을 성미산마을에 만들면서 야호 조
합 대표의 고민은 깊어졌다. '집'이라는 기본 공간의 의미가 시시
각각 변하고 갈수록 주거 불안이 심해지는 이 시대 이 땅에서 집이
없어 인생의 낙오자가 되는 현실을 그냥 두고 볼 수 없어 시작한
일이 처음 결실을 본 것이다. 그 후 2호, 3호 등을 마련하려 할 때
무지개집 입주자 대표인 코러스보이와의 만남은 혼자만의 고민을
함께 만드는 꿈으로 탈바꿈하는 촉매제가 됐다. 그렇다면 코러스
보이의 '함께 사는 집'에 대한 갈망은 언제 시작되었을까?

코러스보이 시작은 2011년 친구사이*에서 했던 퀴어타운 프로젝트였어요. 공동체와 공간 그리고 집과 같은 거주 문제를 고민했는데, 이른바 생산, 소비, 출산, 양육 등 기존의 집의 기능 자체가 성소수자들에게는 만족스럽지 못하다는 생각을 하게 됐어요. 예를 들어 커밍아웃 후 가족들 눈치를 보며 살고 있는 젊은 친구들이나, 30대 이후 일반 친구들과는 자연스레 관계가 멀어지고 성소수자 친구들과 주로 만나는 사람들에게는 안전하고 자유로운 관계를 꿈꿀 수 있는 집이 필요하기 마련이죠.

그래서 모여 살면서 불안과 걱정을 해결해보자는 마음으로 함께 사는 집을 꿈꾸게 됐다는 그의 이야기에서 강한 의지가 느껴진다. 집을 재산이 아니라 진정 원하는 욕구를 채워나가는 공간으로 봤기에 미래를 그려나갈 수 있었던 것이다. 하지만 집을 짓거나 협동조합을 운영하는 일에는 자신이 없던 차에 운명 같은 만남이 그를 기다리고 있었다.

코러스보이 마침 제가 일하는 직장에 야호 님이 방문했길래 바로 붙잡았죠. 이전에 함께주택 1호 건축을 위한 워크숍에 몇 번 참석했거든

---

* 한국게이인권운동단체 친구사이의 약칭. 1993년 초동회를 모태로 1994년 2월 설립된 한국에서 가장 오래된 성소수자 인권운동 단체이다.

요. 그해 11월쯤에 다시 만나서 성소수자 친구들과 공동 주거를 희망하는데 함께해줄 수 있겠냐고 제안했어요. 사실 당시 우리가 가진 돈으로는 집 짓기가 불가능했기 때문에 조합은 돈이 좀 있을 줄 알았죠. (웃음)

야호 국가와 사회가 이루어주지 못하는 주거의 공공성을 내가 알고 있는 사람들과 여럿이서, 우리 스스로 만들어보자는 마음으로 함께 주택협동조합을 만들었어요. 넓게는 사회적으로 주거 문제를 해결하고자 시작했고요. 그 목표를 위해 공동으로 주택 자산을 소유해 운영하는 건데, 그러려면 운영 주체가 있어야 하는 터라 협동조합이라는 법인을 만들었죠. 건물을 신축 또는 리모델링해서 조합원들이 거주할 수 있게 하는 건데, 최소 1구좌 5만 원씩 출자하면 조합원이 되어 입주 자격이 주어져요. 거기에 토지 매입과 공사를 위한 입주 출자금, 대출 원금과 이자 상환을 위한 월 사용료가 붙어 전체 주거비용이 산정되죠.

대출이 아니면 집을 사기 어려운 현대 사회에서 홀로 힘겹게 그 몫을 감당해내는 대신 주택조합이 입주자들과 손을 맞잡고 장기간에 걸쳐 그 부담을 나누는 구조다. 20~30년 함께 길을 걸어갈 꿈을 꾸기가 어디 말처럼 쉬운가. 끈끈한 신뢰 없이는 어렵다. 멀리 보고, 길게 보고, 다 같이 손잡고 가려는 그 마음이 많은 사람에게

퍼진 것만으로도 반가운 일이다.

공동체의 욕구에 따라 거주 형태도 달라지기 마련이다. 함께
주택 1호가 성산동 다세대주택을 리모델링해 불특정다수의 1인 가
구 중심으로 출발했다면, 2호인 무지개집은 입주를 원하는 사람들
이 먼저 제안해 대상지 물색, 부지 매입, 건물 신축까지 함께 했다.
물론 구상을 실행에 옮기는 일도 여간 힘들지 않았을 테다. 실행에
옮기기 위해 가장 먼저 필요했던 일은 뜻을 같이하는 사람들이 모
이는 것이었다.

오김현주 입주자 대표인 코러스보이 님이 근무하시는 병원에 몇 번 다
니면서 알고 지냈는데, 같이할 생각이 있냐고 먼저 제안해주셔서 엄
청 반가웠어요. 18년 동안 아홉 번이나 집을 옮긴 상태라 경제적으로
도 꼭 필요했고, 쉐어하우스라는 형태에도 끌렸거든요. 술자리에서
몇 번 얘기하긴 했는데, 정식으로 제안받았을 때는 마치 승은을 입은
것처럼 "제가 정말 같이해도 돼요?"라고 반문했죠. (웃음)

백퍼 저도 입주자 중 한 명인 동하 형네 예전 집에 놀러갔다가 소개받
아서 알게 됐어요. 도면까지 나왔다며 알려주시는데 너무 신기한 거
예요. 마침 그때가 가족에게 커밍아웃한 지 1년도 안 된 때였는데 집
안에서 잘 받아들여 주지 않은 상태라 스트레스가 커서 정말 독립하
고 싶던 시기였거든요. 앞뒤 생각 안 하고 꼭 들어가겠다고 다짐하고

는 동하 형을 채근했죠.

'혼자 살기 싫다' '독립하고 싶다' '돈이 부족하다' 등 저마다의 욕구가 있는 사람들이 모여서 지금까지 왔지만, 개개인에게 입주를 제안하고 집에 대한 각자의 욕구를 조율하는 일이 쉽지는 않았다. 처음 워크숍을 하고 사람들이 모였을 때 '같이 살고 싶다' '부럽다' 하던 주변 분위기와는 달리, 함께하려고 했던 분들이 중간에 개인 사정으로 같이 못 살게 된 뒤 그 빈자리를 채우기가 생각보다 버거웠다.

코러스보이 애초에 그분들을 염두에 두고 집을 설계했기 때문에 거기에 맞는 사람을 찾기가 굉장히 어려웠어요. 비용 메꾸는 것도 만만치 않아서 입주자들이 조금씩 더 출자하고 모자란 부분은 조합에서 사회투자기금을 통해 융자받기는 했는데, 그런 부분을 함께할 적당한 사람을 찾기가 어려웠다고 봐야죠. 공동 주거 공간을 쓰는 문제도 있어서 1인 가구 하나가 비었을 때 여러 명이 보고 갔는데도 쉽게 채워지지 않았어요. 결국 몇 주 전에야 10가구가 다 채워졌죠.

그렇게 가까스로 10가구가 완성됐다. 입주자 구성은 커플 다섯, 싱글 다섯, 반려동물 세 마리이고, 생물학적 비율로는 남자 열 명, 여자 다섯 명이다. 젠더 구성은 게이, 레즈비언, 바이섹슈얼이

골고루 섞여 있으며, 전문직, 회사원, 인권단체 활동가, 취업준비생, 비정규직 청년 등이 두루 살고 있다. 건물은 1층 공동 공간과, 2층 쉐어하우스, 3층 쉐어하우스와 쉼터, 4~5층 단독 3가구로 구성되어 있다.

'누구'와 만들어가는가도 중요하지만 '어떻게' 만들어가는가 또한 중요하다. 그렇기에 주택조합과 입주자들은 끊임없이 만나고 소통하며 바라는 점들을 맞춰나갔다. 주택조합에서는 높은 수준의 기술이나 전문성보다는 바람과 이상을 가지고 조합원들과 함께 자생적으로 운영해나갈 수 있는 내적 힘을 만들길 원했기에 당면 문제를 어떻게 해결해나갈지 논의하는 것이 주목적이었다. 반면 입주자들은 조합에서 알아서 해줄 거라고 어느 정도 기대했기에 조합 자체를 알아가는 과정, 그리고 집단 주거 형태에 맞춰 집에 대한 기존의 욕구를 재조정하는 과정이 필요한 상황이었다. 그러한 욕망과 기대를 퍼즐처럼 맞춰나가는 과정이 결코 쉽진 않았지만, 해답을 스스로 찾아보고 만장일치로 결정하려 노력하면서 느슨했던 관계도 더 끈끈해졌고 열정과 의지도 더 탄탄해졌다.

공들인 과정만큼 알찬 시공간

다사다난했던 17개월의 긴 여정을 지나 드디어 오픈하우스 행사가 열렸다. 마치 예전부터 알고 지내던 사람들이 자기 집 집들이하

:: (위에서부터 시계 방향으로) 야호, 복주,
코러스보이, 오김현주, 백팩

듯 편안했던 분위기 뒤에는 소박하고 알찬 시간을 위해 땀 흘린 이
들이 있었다. 청소하고 음식 만들고 손님 맞을 준비하느라 분주했
을 광경이 눈에 선했지만, 역사적인 날인 만큼 웃으며 반갑게 인사
하는 주인공들을 보듬어 안아주고 싶은 순간이었다.

무엇보다 그날 가장 인상 깊었던 장면은 조합 대표인 야호의
눈물이었다. 다시 없을 기쁜 날, 그는 왜 울었을까?

야호 이유를 딱 집어서 말하기는 힘들어요. 그냥 만감이 교차했고, 뭔
가 해냈다는 느낌? 나 혼자서 해냈다는 게 아니라 여러 사람이 풀어
낸 에너지, 그게 힘들기도 했지만 결국에는 힘이 됐던 거죠. 양가감정
이었다고 할까요?

이미 공언해둔 오픈하우스가 목전인데, 계획과 달리 공사 완료가 더디게 진행되면서 막판에 받은 스트레스도 한몫했을 것이다. 구청의 준공 허가만을 기다리며 하루하루를 보낸 무지개집 사람들의 타들어 가던 마음은 아마 겪어보지 않으면 모르지 않을까. 특히 중간에서 난처해진 조합 대표 야호의 속앓이는 이루 말할 수 없었을 테다. 그럼에도 함께 그 짐을 덜려고 한 이들이 있었기에 오픈하우스는 더 빛났다. 다들 제 일처럼 거들고 제집처럼 손길이 간 새집을 처음으로 공개하는 순간이었기 때문이다.

　어디 그뿐이랴. 피곤한 몸을 이끌고 밤마다 모여 워크숍을 진행하면서 더 나은 집을 위해 서로 머리를 맞댄 시간이 켜켜이 쌓여 지금까지 온 것이다. 워크숍 뒤풀이에서 술 한잔 기울이면서 우리가 왜 지금 이 순간 무지개집을 지으려고 하는지 다시 한번 공감한 경험들이 참 소중했다고 야호 조합 대표는 털어놓았다.

> 야호 사실 무지개집 입주자들에게 많이 의지하고 있거든요. 같이 만들어간다는, 믿을 구석이 있다는 마음이 제게 있었던 것 같아요. 제가 살 집은 아니지만, 그래도 누군가를 위해 이렇게까지 함께 고민하며 공간을 만들어냈다는 게 뿌듯하기도 하죠. 마치 부모가 자식 출가해서 잘 사는 거 보면 흡족하듯이 입주자들이 잘 살고 있는 모습 자체에 만족해서 그런 걸까도 생각해봤지만, 제가 그만큼 성숙하진 않은데. (웃음)

:: 오픈하우스 현장에서 마주한 광경들:기부자의 벽, 남자가 한밥의 도시락, 성중립 화장실, 옥상 텃밭

코러스보이 그만큼 애정이 있으니까 울 수 있는 거잖아요. 그 감정이 전달돼서 그랬는지 입주자 중 몇몇도 흐느꼈어요.

복주 우리를 위해 눈물 흘릴 수 있는 이성애자 친구가 생겼다는 게 정말 기뻤어요. 마치 섬돌향린교회 임보라 목사님처럼 우리를 도와주고 보듬어주는 그런 친구가 됐다는 게 더 즐겁고. 지나고 나니까 더

아름다운 건가요? (웃음)

　　모두가 흘린 땀과 눈물은 오픈하우스 때 배포한 자료집에 세세히 박혀 있다. 무지개집의 시작부터 입주까지, 전 과정이 빼곡하게 들어차 있다. 또 다른 비슷한 공간을 꿈꾸는 사람들이 시행착오를 좀 덜 겪게 하고자 있는 그대로를 남기려 한 조합 대표와 입주자들의 마음이 자료집에 고스란히 녹아 있다. 공들인 세월을 기록한 다큐멘터리 〈무지개 동거동락〉도 무지개집의 도전과 경험이 그대로 묻어난 작품이다. 공식 상영회 때의 반응은 어땠을까?

　　야호 성소수자분들에게는 굉장히 중요한 일이잖아요. 이 시도 자체가 의미 있고요. 공동 주택에 산다는 것에 우리 스스로 의미 부여를 하는 게 좀 필요하지 않을까 하는 생각도 하게 됐어요.

　　오김현주 우선 집 짓고 난 뒤 이 집을 어떻게 간수하느냐가 너무 큰 일이어서 아직 그 정도까지는 여유가 없었던 것 같아요. 시간이 좀 걸리지 않을까 싶고, 살다 보면 사람들에게 자연스레 의미가 다가오겠죠. 오히려 끝나고 나서 무지개집 공사를 지켜보던 지역 주민들이 집 짓고 싶은 마음에 개별 모임을 시작한 경우가 많아요. 반면에 성소수자 그룹에서는 이게 무척 독특하면서 어려운 일이고, 입주자 대표님 같은 리더가 없으면 이뤄내기 힘든 일이라 생각하기 때문에 아직은 좀 조심스러운 느낌이에요.

코러스보이 관객이 많지는 않았는데, 오신 분들은 다 좋다고 하셨어요. 어찌 보면 집을 지은 게 끝이 아닌 시작일 수도 있다고 생각해요. 이미 커뮤니티 중 한 그룹이 비슷한 생각을 실천에 옮기려 하고 있고, 현실로 드러난 지금의 모습을 언어화한다거나 의미화하는 과정을 지금부터 우리가 해야 하지 않을까 싶어요.

이쯤에서 무지개집의 의미를 좀 더 살펴보자면, 무엇보다 사회적 의미에서 무지개집은 거주자들이 소유권을 조합으로 이전했다는 점에서 굉장한 시도라 평가할 수 있다. 집을 거주하는 곳이 아니라 사고파는 재산으로 바라보는 분위기가 만연한 한국 사회에서 무지개집 사람들은 안정적인 주거권을 얻는 대신 조합에 거주출자금을 내면서 재산권을 양도하는 획기적인 구상을 한 것이다.

그러한 의미를 좀 더 살리기 위해 운영하고 있는 공간이 '홍다방'과 '홍인재'다. 홍다방은 무지개집의 공동 공간으로, 각종 세미나, 회의, 파티, 소규모 전시회, 바자회 등에 이용할 수 있다. 수시로 손님들을 맞이한다는 결정이 쉽지는 않았다. 하지만 오픈된 성소수자 공간도 안전할 수 있음을 보여주는 의미도 있다는 게 입주자들의 설명이다. 홍인재 또한 마음을 잇는 또 하나의 공간이다.

백팩 홍인재 공간은 두 가지 역할을 해요. 하나는 가족 내 갈등이나 다른 일로 위기 상황에 처한 성소수자가 일시적으로 안전하게 묵을 수 있는 곳이에요. 그래서 현재는 띵동(청소년성소수자위기지원센터), 친구사이, 행성인(행동하는성소수자인권연대), 한국성적소수자문화인권센터와 협약을 맺고 있고요. 또 하나는 지방에서 올라온 성소수자가 지낼 곳이 없을 때 자기 정체성을 편하게 드러내고 맘 편히 묵을 수 있는 곳이죠. 가격도 경쟁력 있어요. (웃음) 1박에 1만 5,000원이고, 잠깐 쉼터로 이용하는 건 1만 원이에요.

함께 살며 얻는 것들

돌고 돌아 같은 집에서 함께 살게 된 인연들이 얼마나 소중할까.

:: 무지개집 1층 홍다방에서의 모습

서로 다른 15인의 입주자들이 그렇게 지금 일상을 나누고 있다. 그런데 잠깐, 과연 그들은 처음에 기대했던 만큼 만족하고 있을까?

백쿽 저는 독립을 해야만 하는 상황이었어요. 돈도 없고, 심리적으로 부모님과 집에서 독립하지 못한 상태에서 커밍아웃을 했으니 엄청나게 힘들었던 거죠. 멘탈이 뿌리째 흔들리는 기분으로 몇 개월을 살다가 무지개집 얘기를 듣고는 '내가 이거 아니면 못 나오겠다'라는 각오가 생긴 거예요. 만약 돈을 번다고 해도 당시에는 부모님과 관계가 단절될 수밖에 없겠다는 생각이 들었거든요. 결국 지금은 아빠와의 관계도 지키고 내 삶도 지키고 있다고 봐요. 여러 사람과 같이 살면서 경제적으로도 많이 절감되고요. 또 출자를 통해 운영하는 부분들이 얽히고설켜 어려움을 나누는 것만 해도 진짜 가족 같다는 생각이 들어요.

오김현주 2년마다 이사 다니는 게 징글징글하기도 했고, 혼자 살다 외롭게 죽는 건 아닐까 하는 위기감도 있었어요. 18년 동안 혼자 혹은 누군가와 살면서 '아, 나는 혼자 살면 안 되는 사람이구나' 하는 생각이 든 거예요. 그렇다고 결혼할 것도 아니고, 애인이 있는 것도 아니었기에 외로움을 달래고 싶었어요. 사실 서른 살까지는 돈을 모았는데, 어느 순간 내가 돈을 모으는 속도보다 훨씬 빠르게 집세가 오르기 시작하면서 미래를 꿈꾸기 힘든 거예요. 그래서 막 쓰면서 살았는데 집이 생기면서는 다시 저축하고 싶은 마음이 생겼어요. 잘 모르는 사람들하고 사는 것도 재밌고요. 너무 잘 아는 사람들과 같은 공간에서 부대끼며 사는 게 오히려 힘들 수도 있잖아요. 뭔가 가족은 아닌데 가족 같은 느낌이 드는 관계가 돼서 참 좋아요.

생소하고 복잡했지만 꼭 필요했던 워크숍과 모임의 과정이 있었기에 집에 대한 애착도 생기고 사람들과의 관계도 발전했다는 백팩의 말에 고개가 끄덕여진다. 보통 부부들은 결혼했다는 것만으로도 주변의 시선이 달라지고 법의 테두리 안에서 보호를 받기 마련이다. 피가 섞이지 않은 사람들끼리 같이 산다고 해서 과연 얼마나 가족 같겠냐고 반문할 수도 있다. 하지만 무지개집 사람들은 법의 보호나 혜택을 대신하여 집 자체가 든든한 울타리가 되어준다고 느낀다.

모두가 서로 친할 수는 없어도, 각각의 친밀한 관계 속에서 어려운 일은 다 같이 해결한다는 믿음이 있다는 게 얼마나 커다란 힘인지 모른다. 공동 주택에 입주하기로 결심했다는 것만으로도 통하는 게 생기고, 결코 가볍지 않은 그 결심을 위해 그동안 각자가 걸어온 삶을 서로 확인하는 순간 발견하게 되는 결은 비슷할 수밖에 없다. 한편 다양한 성 정체성, 성적 지향을 지닌 사람들이 함께 산다는 것은 색다른 경험이기도 하다.

오김현주 예전엔 활동가 말고는 게이들이랑 친한 적이 없었어요. 여기 와서 편견이 좀 많이 깨졌는데, 저는 진짜 게이들이 집에서 엄청 깔끔하고 미적 감각도 뛰어날 줄 알았거든요. 근데 아닌 거예요. 백백이 의자 사온 거 보고 굉장히 흉물스럽다고 느끼기도 했죠. (웃음)

백백 제가 어디서 싸게 사온 의자가 있는데, 그걸 보고 흉물스럽다고 한 거예요. 그땐 별로 친하지도 않았는데. (웃음) 암튼 못도 박아주고 블라인드도 쳐주고, 더 좋은 것 같아요. 게이로서 레즈비언이나 바이섹슈얼과 이렇게 친하게 지내는 건 처음인 듯해요. 뭔가 역할 분담처럼 밸런스가 맞는 느낌이랄까요?

열다섯이나 되는 사람이 함께 산다는 것이 낯선 누군가에게는 의아한 일일지도 모른다. 나와 다른 삶을 사는 이들을 그대로 존중하고 이해하지 못하는 각박함이 지금 이 시대를 지배하고 있다. 그러한 각박함은 여지없이 말과 행동 곳곳에서 드러나고, 그게 곧 불편함과 어색함이 되어 상대방의 기분을 해친다. 이 또한 입주자들이 감당해야 할 몫인 것일까?

코러스보이 그동안 민원을 경험 못 하다가 여기 이사 와서 정말 많은 민원을 받았거든요. 공사를 너무 오래 해서 시끄럽다느니, 밤에 불이 너무 밝다느니, 심지어 왜 집들이를 자주 하냐, 왜 길고양이한테 밥을 주냐 등등 별 얘기를 다 들었어요. 우리가 어떻게 할 수 없는 것도 많은데… 주민들과 관계를 어떻게 맺어야 할지가 숙제인 듯해요. 오늘도 화재 대피 훈련 때문에 소방서에서 전화가 왔는데, 우리가 어떤 사람들인지 계속 꼬치꼬치 묻는 거예요. 조합원들이라고 얘기하니까 무슨 단체나 조직이냐고 물어보기도 했고요. 일상적인 경우가 아니니까 그렇다고는 하지만, 아무래도 좀 불편한 게 있죠.

오김현주 무슨 종교 단체가 아닐까 생각했던 것 같기도 해요. (웃음) 우리를 복지관이나 재활쉼터에 다니는 사람들이라고 생각하는 경우도 봤어요. 반면에 중고등학생들은 이 집 예쁘다고 하는데 주변에 얼마나 예쁜 집이 없으면 그럴까 하는 생각도 하죠.

얼마 전 무슨 일이 있었냐면, 화장실 가려고 문을 두드렸는데 안에서 똑똑 소리가 나는 거예요. 그래서 주변을 둘러보니 무지개집 사람들은 다 밖에 있더라고요. 그럼 화장실엔 누가 있는 거지, 혹여 귀신은 아닐까 해서 같은 층 사람들 다섯이서 손잡고 큰 소리로 기도했어요. (웃음) 근데 밖에서 고함과 누군가를 애타게 찾는 소리가 들리기에 나가봤더니, 앞집 사람이 자기 누나랑 술 먹다가 만취해서는 계단에서 굴러떨어져 길바닥에 피 흘리며 누워 있더라고요. 다행히도 무지개집 사람들이 총출동해서 보살펴주고 119 부르고 그랬어요. 그 누나분이 너무 고맙다고 했죠.

언제나 반가운 존재도 있다. 바로 무지개집에 사는 반려동물과 주변의 고양이들이다. '첫눈이'와 '어진이' 그리고 '하영이'는 3~4층에 머물며 공간을 향유하고 있고, 길고양이 네 마리는 무지개집 사람들의 보살핌을 받으며 밥을 먹고 있다. 그중 한 마리인 '턱시도'는 얼마 전 동물보호시민단체 카라의 도움으로 중성화 수술도 받았다. 자연스럽게 또 하나의 이웃인 동물들과 어우러져 사는 모습에서 함께 살아가는 가치를 느낀다.

하지만 천생연분이 아닌 이상, 아니 천생연분이라고 입에 침이 마르도록 자랑하는 부부도 다투는 마당에 서로 다른 성격과 가치관을 지닌 사람들이 한곳에 살면서 늘 좋은 모습만 보기는 힘들 테다. 서운한 점도 있고 불편한 점도 분명 없지 않으리라. 그래서 살짝 속마음 토크를 펼쳐보았다.

복주 애인이랑 둘만의 공간에서 생활하다가 공동 거주 하니까 처음엔 참 불편했거든요. 원래 서로 친하기는 한데 같이 살 때와 밖에서 만날 때 느낌이 너무 다르다 보니까 서로 눈치 보게 되고, 세대 간에도 조심스러울 수밖에 없더라고요. 그러다가 '앗, 이게 가족이다' 하고 느낀 게 언제였냐면, 내가 손해 본다는 생각 없이 남들에게 안 미루고 먼저 하려는 모습이 보일 때였어요. 특히 폭우가 쏟아질 때처럼 재난 위기에 처하면 엄청난 결속력이 생기더라고요. 살아남아야 하니까. (웃음)

:: 무지개집에 사는 반려동물들: 어진이, 하영이, 첫눈이 (사진: 텀블벅)

오김현주 서운했다기보다는 뭐랄까. 첫 입주자들은 친구사이 사람들이 중심이고, 워낙 관계가 탄탄해 보이니까 가끔은 내가 껴도 될까 하는 생각을 혼자 하곤 했어요. 뭔가 좀 어려웠죠. 그리고 살면서 새로 알아가는 것도 있어요. 제 습관이 누군가에게는 굉장히 힘든 점일 수도 있다는 것. (웃음) 그래서 그런 점을 조금씩 고치게 돼요. 제가 웬만하면 잘 안 고치는 편인데, 같이 살려면 그래도 좀 조정하면서 살아야겠다는 생각이 들었어요. 또 공과금부터 해서 하나하나 세세하게 원칙을 정하는 게 어려워요. 최근에 같이 쓰는 정수기 하나 고르는 것만 해도 엄청 오래 걸렸거든요.

백팩 공간마다의 규칙을 위해 층 사람들끼리 또 회의를 하는데, 제가 사는 2층에서 오김 누나랑 다른 가구랑 정수기 때문에 회의를 얼마나 했는지 몰라요. 그래서 우리는 맨날 3층 약수터에 갔다 온다고 얘기하고 다녔죠. (웃음) 생각해보면 처음에는 적응 자체가 너무 힘들었던 것 같아요. 누군가와 같이 사는 게 생각보다 신경이 많이 쓰이더라고요. 쉬고 싶은데 눈치 보여서 맘대로 쉬지도 못했죠. 형들 대하기도 좀 어려웠는데, 지금은 '어차피 계속 볼 사람인데 이러다가 괜찮아지겠지' 하고 생각해요. 이런 모습도 저런 모습도 이해해주지 않을까 하는 생각이 들면서 무거웠던 마음을 많이 내려놓은 듯해요.

코러스보이 2인 가구의 경우 1인 가구보다 출자금을 좀 더 많이 내면서도 보통 2인 전셋집보다 작은 공간에서 살아야 하는 구조라서 남들은 좀 별로라고 생각할 수도 있어요. 하지만 달리 생각해보면 공동 공간은 곧 본인의 거실이요 주방이요 화장실이요 텃밭일 수 있거든요. 또 애인이나 입주자 간에 사이가 좀 안 좋아지면 다른 사람들이 바로 눈치채고는 곁에서 함께해요. 즉, 인간관계의 공허함이나 빈자리를 끊임없이 채워줄 수 있는 여건이 되는 거죠. 다양한 세대 간에 정보 공유나 교류도 활발해서 좋고요.

내가 꿈꾸는 무지개집

이제는 서로 허물없이 지내다 보니 의도치 않게 남의 속옷도 보게 되고 웬만한 습관도 눈감아주게 된 무지개집 사람들. 함께 있는 시

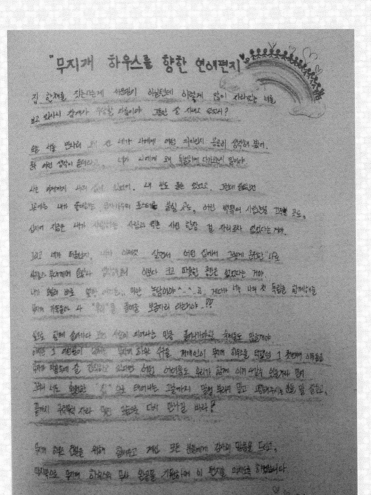

:: 백팩이 쓴 '무지개집을 향한 연애편지' (사진: 무지개집 자료집)

간이 늘어나다 보니 자연스레 편해지고 서로가 사랑스러워 보인다고 한다.

그렇다면 각자가 그리는 미래의 무지개집은 어떤 모습일까? 모두가 무지개집의 주인이지만 서로 꿈꾸는 게 같을 수도 다를 수도 있다. 그럼에도 기대와 소망이 맞닿아 더 큰 그림을 그리게 된다면 그것만으로도 좋지 않을까 하는 바람으로 조합 대표와 입주자들의 생각을 들어보았다.

야호 별로 크게 바라는 점은 없어요. 워낙 훌륭하신 분들이라. (웃음) 어떤 때는 제가 생각해보지 못했던 것을 먼저 제안해주시기도 하거든요. 언젠가는 걱정되는 순간이 오기도 하겠죠. 늘 이 사람들이 그대로 있으리라는 법은 없으니까. 근데 또 그게 한순간에 딱 터지는 게 아니라 그런 일이 있기까지의 과정이 있을 거고, 그런 일이 생겼을 때 또 풀어나가는 과정이 있을 거라고 생각해요. 시련과 고난이 닥칠지라도 항상 옆에 있을 거예요.

백팩 저는 그냥 계속 이렇게만 살았으면 좋겠어요. 요즘 처음으로 미래에 올 어떤 순간을 기다리지 않고 사는 것 같아요. 그래서 오늘만 같았으면 좋겠어요. 사실 걱정되는 건 커플이 싸워서 헤어질 수도 있고 멤버가 바뀔 수도 있는 상황인데, 그런 일이 안 생기면 참 좋겠다고 생각해요. 얼마 전 애인인 킴이랑 얘기하면서 "우리 여기 뼈를 묻자"라고 했거든요. 나중에 1인 가구 사람들 나가고 너무 어린 애들 들어오면 어떻게 하냐고 했더니 "걱정하지 마. 저기 옆방에 오김 할머니가 살고 있을 거야"라고 하더라고요. (웃음)

오김현주 지금 사는 사람들이랑 같이 오래 살았으면 좋겠다는 바람이 잘 이루어지지 않을 거라는 사실을 저는 너무 잘 알아요. 그래서 그런 것보다는 '내가 죽을 때도 여기 있을까? 나이가 들어도 여기서 살 수 있을까?' 하는 고민이 있죠. 입주자들은 점차 젊어질 텐데, 그 부분이 나랑 맞을까 하는 걱정도 들고요. 오히려 실버타운이 된다면 다른 측면에서 좋을 것 같긴 한데, 그러면 그때는 1인 가구에서 벗어나야 하나 고민이 돼요. 생애주기에 따라 원하는 게 다를 텐데, 나이 들면 누군가랑 어울리고 싶으면서도 혼자 있고 싶은 순간이 더 많지 않을까 싶어서요.

코러스보이 가까운 곳에 이런 성소수자 공동 주택이 또 있었으면 좋겠어요. 그러면 민원이 들어와도 우리가 다 막을 수 있겠죠? (웃음) 지금 이 주변 기운이 보통이 아니에요. 근처에 무지개노래방이 있고, 맞은편에는 동성카센타가 있어요. 조금 더 가면 무지개빌라랑 TG미용실도 있죠.

이렇게 믿는 구석이 있으니 앞으로도 으쌰으쌰 서로 머리를

:: 다큐멘터리 〈무지개 동거동락〉 상영회를 마치고 (사진: 터울)

맞대고 어떻게든 부딪쳐보는 순간들이 하나하나 반짝반짝 빛나지 않을까. 다양함으로 똘똘 뭉친 사람들이 고립되지 않고, 정상 가족의 틀을 벗어나 또 다른 형태의 성소수자 가족공동체를 몸소 실천하고 있다는 사실만으로도 주목받을 수밖에 없는 게 현실이다. 수많은 난관을 극복하고 '공동체'와 '공간'을 조화롭게 구현한 무지개집의 존재는 그래서 더욱 소중하다.

마지막으로 또 다른 주거공동체를 꿈꾸고 있는 성소수자들에게 한마디씩 부탁했다.

코러스보이 어렵지 않아요. 쉬워요. 충분히 할 만하고요. 특히 함께주택협동조합과 함께라면 더 좋을 거예요. (웃음)

복주 여기 살면서 가장 많이 받는 질문이 '왜 같이 사냐'는 거예요. 괜히 불편하고 불안할 거라 지레짐작하는 거죠. 같이 사는 게 이렇게 행복한 줄도 모르고. 또 커뮤니티에서는 게이는 게이들끼리 살고, 레즈비언은 레즈비언들끼리 사는 게 좋다고도 생각하나 봐요. 무엇보다 주위 시선이 걱정되고, 또 성향이 다른 사람들끼리 살면 어떤 불상사가 생기지 않을까 우려하는 듯해요. 근데 여긴 찜질방이 아니거든요. 우린 살기 위해 들어온 거고 서로 생각을 공유하기 위해 함께 있는 건데, 일부 숨어 있는 친구들은 같이 사는 것 자체를 이해 못 하는 듯해 안타까워요. 같이 살다 보면 또 다른 답안이 나오니까 먼저 실행부터 해봤으면 좋겠어요.

야호 집 짓는 일이 누구나 쉽게 생각할 수 있는 일이 아니라서 한번 할 때 모든 걸 다 쏟아내려고 하는 것 같아요. 해보지 않으면 모르는 거고, 자신이 이 집에서 평생 살지 않을 수도 있는 거잖아요. 또 여기서 살다가 다른 사람들과 또 다른 집을 지을 수도 있고요. 그러니까 결정을 주저하고 있다면 이게 끝이 아니니 너무 망설이지 말았으면 해요.

빽빽 어릴 때 꿈이 미국에서 사는 거였거든요. 개방적인 곳에서 살고 싶어서 영어 공부도 열심히 하고, 워킹홀리데이도 가려고 했죠. 무지개집 들어오면서 워킹홀리데이 생각은 접었는데, 지금 생각해보면 결국 공동체를 꿈꾸지 않았나 싶어요. 저는 가족도 꾸리고 아기도 입양해서 키우고 싶다는 생각을 많이 했는데, 어찌 보면 지금 꿈을 이룬 것 같거든요. 또 다른 형태의 가족이 생겼다고 생각하며 살고 있어요. 내가 외국 가서 살아도 지금처럼 평안하게 살고 있을까 하는 생각도 들고요. 결국 어디 살든 친밀감이 중요한 거죠. 아직 제도적으로 보호받을 수는 없어도 그걸 우리가 하나씩 만들어 나가는 게 나중에 큰 밑거름이 될 수 있다고 봐요.

오김현주 "게이들 중심이라서 이런 집을 만들 수 있는 거야"라는 말을 많이 들었어요. 돈이 있다는 거죠. 그건 현실인 것 같아요. 레즈비언들은 같이 살아도 빈곤하게 사는 모습을 많이 봤거든요. 나이가 좀 있고 어느 정도 사회적으로 궤도에 올라 있는 사람들 위주라서 가능했던 것도 같고요. 예컨대 비정규직으로 살고 있는 젊은 친구들이 이후에 이런 프로젝트를 계속할 수 있을까 하는 고민을 많이 하게 돼요. 그런 의미에서 꼭 집 문제뿐 아니라 의료협동조합처럼 안정감을 주는 다양한 삶의 안전장치를 만들 수 있다는 생각을 계속했으면 좋겠어요.

결국 신뢰가 쌓여야 예측 가능한 미래를 꿈꿀 수 있고 안정감을 얻을 수 있다는 진리를 다시 한번 깨닫는다. '월세'가 아닌 '월 사용료'라는 용어를 쓰는 것도 지금의 무지개집에 살 또 다른 누군가를 위해 대가를 지불한다는 개념이라는 입주자들의 무지갯빛 마음이 더욱 고와 보인다.

우여곡절 끝에 막을 올린 무지개집의 티격태격 알콩달콩한 행보에 사랑의 기운이 가득하길 바라며, 조만간 또 다른 성소수자 공동체도 만나볼 수 있기를 희망해본다.

3

별처럼 반짝이는
인연을 맺다

게이 부부 '플플달 제이와
크 리 스 ' 이 야 기

혼인만큼 뜻깊은 관계는 없다. 혼인은 사랑, 충실, 헌신, 희생과 가족이라는 최고의 이상을 담고 있기 때문이다. 혼인을 통해 결합함으로써 두 사람은 이전보다 더 위대한 존재가 된다. 상고인들의 일부가 보여주듯, 결혼은 심지어 죽음을 이겨내는 사랑을 담고 있다. 이들 남성과 여성이 결혼의 이상을 무시한다는 주장은 오해에 불과하다. 상고인들은 자신들이 결혼의 이상을 존중하고, 그토록 결혼의 이상을 깊이 존중하기에 결혼의 이상 속에서 충족을 구하고 싶다고 주장한다. 그들의 바람은 문명의 가장 오래된 제도로부터 배제된 채 외로운 삶으로 추방되지 않도록 해달라는 것이다. 이들은 법 앞에 평등한 존엄을 구하고 있다. 헌법은 이들에게 그러한 권리를 부여한다.

연방제6순회항소법원의 판결을 파기한다.

이와 같이 판결한다.

— 2015년 6월, 미국 내 동성 결혼 금지 법률에 대한

연방대법원의 위헌 결정문 중 (게이법조회 번역)

지난 2015년의 '사건'을 기억한다. 한국에서는 최초로 서울 한복판 시청광장에서 퀴어퍼레이드가 펼쳐지고 있을 즈음이었다. 청

교도 정신에 입각하여 세운 미국이라는 나라의 전 지역에서 동성 결혼을 금지할 수 없다는 판결에 수많은 성소수자와 비성소수자가 환호했다. 그로부터 몇 년이 지난 지금, 대한민국은 무엇이 바뀌었나?

2013년 공개 결혼식을 올린 김조광수·김승환 부부는 혼인신고서를 받아주지 않은 구청을 상대로 소송을 제기했으나 2016년 결국 법원으로부터 각하 판결을 받았다. 그해 6월, 퀴어의 달을 뜨겁게 달군 퀴어퍼레이드를 앞두고 어김없이 혐오 세력은 전날까지 '대한민국 살리기 예수 축제'를 펼쳤다. 심지어 같은 해 4월에 있었던 총선에서는 기독자유당이 '동성애 반대' 공약을 내걸고 노골적으로 차별을 선동했는데, 2.64퍼센트를 득표해 원내 진입에는 실패했으나 거액의 정당보조금을 지급받았다.

이처럼 성소수자 혐오와 차별이 여전히 들끓고 있는 마당에서 결혼을 통해 동성 부부의 존재를 알린 플래시 플러드 달링스(제이 송, 이하 플플달 제이)와 크리스 슈나이더(이하 크리스) 커플의 소식은 가뭄에 단비처럼 반가울 수밖에 없었다. 2016년 6월, 크리스의 조국 스위스에서 동성 파트너십 등록을 마치고 7월 초 한국에서도 결혼식을 올린 두 사람. 복작복작한 서울이지만 두 사람만의 소박한 보금자리에서 신혼을 만끽하고 있는 부부를 만났다.

지루한 일상에 사이다 같은 존재

12년간의 연애 끝에 결혼이라는 또 하나의 결실을 맺은 두 사람.
과연 실감이 날까?

크리스 뭔가 달라졌다고 느끼지는 않아요. 하지만 미래의 어느 순간에
는 우리가 결혼했다는 것을 떠올리며 분명히 변화가 있고 중요한 의
미가 있음을 깨닫게 되겠죠. 예를 들어 직장에서 일할 때 문서에 '기
혼'이라고 기입한다거나, 장기간에 걸쳐 미래 계획을 세울 때 우리가
결혼한 관계라는 걸 깨달아요. 또 택시 기사나 다른 한국 사람들이 수

시로 "결혼했어요?"라고 물어보는데, 그때마다 "네"라고 대답하며 어떤 결혼을 했는지 말할 수 있게 된 점이 좋아요.

플폴달 제이 저도 크리스와 마찬가지로 일상이 바뀐 건 아닌데, 결혼하기까지의 과정 자체가 뜻깊죠. 그만큼 저희가 확신이 있고, 결혼했다는 게 약간은 자랑스러운 면도 있어요. 다른 사람들의 축하를 받고 우리 관계를 당당하게 보여줄 수 있는 계기라고 생각해요. 법적인 것도 물론 도움이 많이 되죠. 스위스에서는 법적으로 동성 파트너 등록을 했잖아요. 그래서 이제 마일리지를 공유할 수 있게 됐어요. (웃음)

바로 항공사 마일리지를 공유할 수 있게 됐다니, 막 부러움이 밀려오면서 피부로 혜택이 느껴진다. 서로가 결합union 했다는 것만으로도 제도권의 서비스 대상이 된다는 사실은 아직 우리 사회에서 '결혼'이 기본적인 권리를 부여받기 위한 강력한 통로임을 역설해준다.

크리스 한국 사회, 특히 기성세대는 결혼을 인생에서 정말 중요한 단계로 여기는 것 같아요. 결혼을 긍정적이고 따뜻한 관계를 맺는 핵심적인 절차라 생각해서 그런지, 저희가 결혼한 것을 두고 동성 부부임에도 좋아 보인다고도 해요.

각자 별개인 하나의 존재에서 두 사람으로서 인연을 맺기까지 우여곡절은 없었을까? 시간을 거슬러 두 사람의 첫 만남부터 되짚어보자.

폴폴달 제이 2005년 말에 온라인에서 만났어요. 크리스는 교환학생으로 뉴질랜드에 왔고, 저는 어렸을 때 이민 간 뉴질랜드에서 다른 대학교에 다니고 있었는데, 스마트폰이 있기 전이라 데이팅 사이트에서 메시지를 주고받으며 만났죠. 2015년에 발매한 첫 앨범이 〈보랍 앤드 테소로Vorab and Tesoro〉인데, 당시 제 아이디가 '보랍'이었고 크리스 아이디가 '테소로'였어요. 저는 '보랍'이라는 노래에서 따온 건데, 크리스는 스위스에 있는 산 이름에서 따온 줄 알고 먼저 연락을 했거든요. '테소로'는 이탈리아어로 달링, 보물이라는 뜻이라는데 처음 들었고요. (웃음)

영화 〈접속〉이 떠오르는 이 로맨틱한 만남으로 두 사람은 친구에서 연인으로 발전했다. 그들에게 다른 인종, 국적, 언어 등은 문제 되지 않았다. 오히려 폴폴달 제이는 이민자로, 크리스는 외국인으로 살면서 소수자라는 인식이 자연스럽게 두 사람을 연결해주었고, 그로 인해 더 끈끈한 관계를 맺을 수 있었다.

크리스 그때는 제 감정을 공유할 수 있는 친구가 거의 없었어요. 또 주변 사람들은 여행 같은 것도 잘 안 하고 일상에 머물러 있었거든요. 여기 오면 뭔가 새로운 세상이고 다를 줄 알았는데. (웃음) 그래서 우리는 같이 여행도 많이 하고 취미 생활도 즐겼죠.

플플달 제이 지역 내에서 이민자 자녀로서 겪은 특별한 경험을 맘 놓고 꺼내놓지 못해 답답했거든요. 사실 그 나라에서 자랐다고 해서 모든 걸 그 나라 사람들과 공유할 수 있는 건 아니잖아요. 그렇게 보면 저희끼리만 통하는 게 있었던 것 같아요. 한군데에서 계속 자란 사람들은 외국 문물을 덜 접해서 그런지 우물 안 개구리 같은 느낌이 있어요. 반면에 저랑 크리스는 항상 더 넓은 세상을 꿈꾸며 차로 여기저기 다녔죠.

그 후 잠시 헤어지기도 하고, 방콕이나 시드니 같은 다른 도시에서 다시 만나 관계를 이어온 두 사람. 지루한 일상과 우중충한

:: 2011년, 데이트하던
두 사람

날씨에 항상 우울한 기운이 돌던 곳에서, 일찍 결혼해 이성애 부부로서 살아가는 삶이 정형화된 '브로크백 마운틴' 같은 도시에서 서로에게 사이다 같은 존재로 다가오며 새로움을 안겨준 것이야말로 두 사람이 오랜 세월을 함께한 비결일 테다.

용기라기보다 덜 두려운 마음으로

돌고 돌아 2012년 말 한국에 들어와 살게 된 두 사람은 색다른 경험을 이어갔다. 어렸을 적 이민을 가 본격적인 한국 생활은 처음인 플플달 제이, 그리고 대사관에서 일하며 한국 문화를 겪은 크리스는 지난 4년이 쏜살같이 흘러갔다고 한다. 그들이 몸소 체험한 한국 사회는 어떤 모습일까?

플플달 제이 4년 동안 많은 게 바뀐 것 같아요. 사람이나 동네도 많이 바뀌고. 저도 크리스랑 마찬가지로 좀 더 작은 도시로 가서 살고 싶어요. 사람이 너무 많아서. 사실 서울에 올 생각이 크게 없었는데 크리스 따라서 온 거라 "네가 벌인 일이니 네가 책임져"라고 했죠. (웃음)

크리스 여기 생활에 만족해요. 스위스의 작은 마을에서 살다가 방콕이나 서울 같은 큰 도시에 오니까 재밌고요. 대신 서울에서 일하며 지내는 건 아주 힘들어요. (웃음) 미팅 하나 가는 데만 한 시간 넘게 걸리

고, 버스든 지하철이든 사람이 너무 많고요. 물론 저는 한국 사람들을
너무 사랑하지만요.

　조금은 힘겨웠던 적응을 마친 뒤 원하던 음악 분야에서 자리
를 잡으며 음반을 내고 어엿한 가수가 된 플플달 제이는 2016년 제
13회 한국대중음악상 시상식에서 ‘최우수 댄스 & 일렉트로닉 노
래 상’을 수상했다. 당시 플플달 제이의 수상 소감은 큰 화제가 되
었는데, 그는 커밍아웃 후 연인 크리스에게 감사를 전하며 “이 기
회에 어린 퀴어분들에게 말하고 싶다. 여러분은 잘못된 것도 아니
고 이상한 사람도 아니다. 여러분은 아름답다”라고 소감을 밝혔다.
그 감동적인 순간에 자신을 드러낸 그 마음이 궁금했다.[*]

　플플달 제이 상을 받을지 미리 말을 안 해주기 때문에 실은 그날 낮까
지 수상 소감을 준비 안 했거든요. (웃음) 그래도 혹시나 수상하게 된
다면 그래도 말하고 싶은 건 말해야겠다 싶어서 준비해 갔어요. 앨범
이나 곡들이 제 개인적 이야기고, 제 성 정체성에 대한 이야기니까 자
연스럽게 그런 말을 하고 싶었던 것 같아요. 제가 사람들 앞에서 발언
할 수 있는 특별한 기회인데, 그걸 그냥 낭비하기가 너무 아까웠어요.

---

[*] 플플달 제이의 한국대중음악상 수상 소감은 https://youtu.be/JG13boQviy4에서 볼 수
있다.

한국에서 성소수자로 살려면 내가 원하지 않더라도 자연스럽게 '활동가'가 되는 것 같아요.

존재만으로도 차별과 혐오의 표적이 되는 지금의 현실을 정확히 인식하고 행동으로 옮긴 그의 의지가 엿보이는 대목이다. 또한 두 사람의 관계를 공개하는 것이 결코 쉽지 않은 현실에서 직장과 주변에 자연스럽게 커밍아웃하며 지내는 크리스도 연인의 수상 소감이 엄청 자랑스러웠을 듯하다.

폴폴달 제이 용기라기보다는 그냥 저희가 싫으면 그 사람들은 안 보면 된다는 생각이 있어요. 저희는 운이 좋은 자리에 있어서 덜 두려워할 수 있는 것 같기도 해요. 크리스도 직장에서 법적으로 보호해주고, 저도 직장을 다니는 게 아니라 음악 활동을 하기 때문에 선택할 수가 있거든요.

과거 홍석천 씨가 공인으로서 커밍아웃한 후 오랜 기간 힘든 경험을 한 것을 떠올리면, 한국 사회도 많이 바뀌었음이 실감 난다. 실제로 2014년 갤럽 조사에 따르면, 동성 커플에게 결혼할 권리를 부여하는 데 35퍼센트가 찬성했는데, 이는 2001년 조사의 17퍼센트에 비해 두 배 이상 늘어난 수치다. 또한 20대는 66퍼센트, 30대는 50퍼센트가 결혼 평등을 지지한 데서 미래의 변화가 감지되기도 한다. 2013년 퓨 리서치 센터Pew Research Center에서 실시한 각국의 동성애 인식 조사에서 '사회가 동성애를 받아들여야 합니까?'라는 질문에 대한 긍정적 응답이 가장 많이 증가한 나라가 한국이었다는 점 또한 고무적이다(2007년 18퍼센트에서 2013년 39퍼센트로 21퍼센트 포인트 증가).

두 사람의 가족 또한 두 팔 벌려 부부의 탄생을 환영했다고 한다. 일찍이 가족에게 커밍아웃한 크리스는 스위스에서 가족과 친척, 친구들의 지지 속에 따뜻한 결혼식을 올렸고, 한국에서도 플플달 제이의 어머니와 사촌들, 친구들의 환호가 있었다. 열다섯 살 넘어 독립할 무렵에 아들의 고백을 들은 플플달 제이 어머니의 반응은 "응 그래. 네 인생 네가 사는 거지, 뭐"였다고. 크리스 가족의 반응도 그랬을까?

크리스 열여덟 살 무렵 첫 남자친구를 사귀면서 부모님께 커밍아웃했는데, 처음엔 별로 좋아하지 않으셨어요. 하지만 별 수 없잖아요. 아들이 그렇다는데. (웃음) 별로 신경 쓰지 않았죠. 그렇게 그냥 시간이 지나고 나니 자연스레 받아들이시더라고요. 아마 처음엔 부정적으로 보셨다가 나중에 긍정적으로 바뀌신 듯해요. 그때는 인터넷도 없어서 그냥 매주 클럽이나 모임 나가서 친구들 사귀고 그랬죠.

플플달 제이 저는 만약 부모님이 부정적으로 보신다면 그냥 제가 알아

서 살겠다고 각오해서 그런지 막 두렵게 커밍아웃을 하진 않았어요. 어렸을 때부터 혼자 사는 데 적응이 됐거든요. 아빠랑도 아홉 살 때부터 같이 안 살고, 엄마랑도 열여섯 살 때부터인가 떨어져 살았어요. 좋게 반응하셔서 다행이죠.

게이 '부부'만이 정답은 아니잖아요

지구라는 별에서 운명처럼 만나 사랑을 꽃피우게 된 두 사람이지만, 그에 앞서 성 정체성, 성적 지향을 자각하고 게이로서의 정체화를 겪어나가는 과정이 있었을 것이다. 그것이 때로는 혼란스럽고 견디기 힘든 경험이었을지라도, 자신에 대한 긍정과 존재에 대한 확신으로 뚜벅뚜벅 걸어온 발걸음이 켜켜이 쌓여 지금에 이르렀으리라.

> **폴폴달 제이** 열네 살쯤 제가 제 자신에게 커밍아웃하기 전의 어릴 적 감정들은 어떻게 해석해야 할지 잘 모르겠지만… 학교에서 같은 반 아이들 중 제가 좋아하는 친구는 항상 남자였거든요. 그 뒤 제 성 정체성에 대해 진지하게 생각해보게 된 게 열두 살, 열세 살 때부터였던 것 같아요. 고민해보다가 어느 날 그냥 '나는 게이구나' 생각하니까 그동안 고민했던 것들이 바로 이해되더라고요. 몇 년 후에는 다행히 좋은 친구들을 만나서 다 얘기하고, 지금도 연락하며 지내요.

크리스 고등학교 때까지만 해도 여자친구들이 좀 있었어요. 그러다 어느 순간 여자에 대한 흥미가 싹 사라진 걸 알게 된 게 이탈리아로 수학여행을 갔는데 저를 좋아하던 여자애보다 어떤 멋진 남학생에게 더 끌리는 거예요. 그때만 해도 게이가 뭔지 잘 모르던 때라 그냥 다른 감정이라고만 느끼다가 게이 모임의 다른 사람들을 만나면서 깨닫게 됐죠. 결국 고등학교 졸업식 때 반 친구들에게 커밍아웃했는데 다들 이미 알고 있던 눈치였어요. (웃음) 그때 가장 두려웠던 건 '게이가 아닌 남자를 사랑하게 되면 어쩌지?'였던 것 같아요.

본인을 쉽게 인정하지 못하고 고민만 할 때보다 스스로를 받아들이고 당당히 존재를 알리며 나아갔을 때 어려운 마음이 녹아내렸다는 말에서 커밍아웃의 힘을 다시 한번 깨닫는다. 그렇다면 성소수자를 바라보는 문화의 차이는 그들에게 어떤 영향을 주었을까?

폴폴달 제이 한국에 있을 때는 웬만하면 애정 표현을 잘 안 하거든요. 하루는 이태원 거리에서 손을 잡고 갔는데 어떤 여자 두 분이 저희를 쓱 훑어보며 가는 거예요. (웃음) 그런 게 좀 불편하니까 좋진 않죠. 뉴질랜드나 호주에 있을 때는 누군가를 처음 만나면 아무 생각 없이 저희 관계를 바로 얘기했고, 스위스에서 결혼하고 길거리에서 사진 촬영하러 돌아다닐 때는 사람들이 축하한다고 얘기해줬어요. 그렇게 자연스러운 일상인데, 여기서는 얘기하기 전에 생각해야만 하는 거죠.

두 사람이 결혼 예복으로 한복을 맞추러 갔을 때도 그냥 친구 사이라고 말했다는데, 그 심정이 어땠을까. 다른 사람들이야 그냥 친구라고 말하면 되지 뭐 그리 대수냐고 하겠지만, 동성 부부 입장에서는 결코 유쾌한 경험이 아니다. 성소수자 커플로 살다 보면 관계를 속여야 하는 상황을 자주 마주한다. 호텔에서는 혹시라도 들킬까 봐 더블룸이 아닌 트윈룸으로 예약하기도 하고, 함께 집을 구할 때도 부동산에서 둘의 관계를 물어보면 '친구' 아니면 '형제'라고 답하기 일쑤다.

그렇다면 두 사람은 애초부터 결혼을 꿈꿔온 걸까? 누군가는 말한다. 결혼을 꼭 해야 하느냐고. 결혼이라는 게 이성애 가족 중심의 결합 그 이상도 그 이하도 아니라면, 꼭 그런 예식을 따라서 할 필요가 있냐고 말이다. 특히나 보수 기독교의 시선이 따가운 우리나라에서는 관계를 드러낼 필요 없이 잘 살 수도 있는데, 왜 굳이 결혼이라는 제도를 끌어안아서 조용히 지내는 사람들을 곤란하게 만드냐는 비판도 더러 있다. 어쩌면 결혼이라는 개념 자체에 대한 거부가 성소수자/비성소수자 간의 선 긋기를 부정하는 근본적인 대안이 될 수도 있다.

하지만 결혼 또한 모두가 선택하여 누릴 수 있는 하나의 권리라고 본다면, 동성 결혼은 마땅한 권리조차 누리지 못하는 현재를 바꾸고 실질적인 부부 관계의 존재를 드러내는 의미가 있다고 볼 수 있다. 한편 두 부부도 스위스에서 2005년부터 실시한 파트너십 제도를 활용해 등록하고 왔지만, 동성 부부만이 파트너십 등록을 할 수 있다는 점은 또 다른 논쟁을 야기한다. 결혼 제도에 비판적인 이성애자 부부나, 동성이 아닌 다른 성소수자 부부에게는 선택권이 없으므로 또 다른 차별을 낳을 수 있기 때문이다.

풀풀달 제이 결혼이라는 이름은 그리 중요하지 않은 듯해요. 법적 결혼 제도든 파트너십이든 간에 본인들이 원하는 선택을 하고 함께 한 약속을 지켜나갈 수 있어야 한다는 점이 중요한 거죠. 스위스에서 향후 동성 결혼이 법제화되면 저희는 법적 결혼을 할 생각인데, 결혼이라는 건 서로의 관계를 확신하고 사람들에게 그걸 당당히 보여준다는 의미가 크다고 생각해요. 그러면 주위 사람들의 축복도 받을 수 있고, 두 사람의 관계에 대한 시선도 좋아지니까요.

크리스 결혼을 했더라도 서류(혼인증명서) 한 장이 없으면 우리 관계를 어떻게 설명할 수 있을까 싶어요. 예를 들어 전쟁이 나서 스위스 사람들을 대피시킨다고 한다면, 파트너십 같은 제도를 통해 배우자가 스위스 사람임을 증명할 수 있어야 한다는 거죠. 그래서 파트너십 등록을 한 거예요.

끊임없이 자신의 존재와 동반자와의 관계를 드러내야 하는 사회에서 동성 부부의 존재를 가시화한다는 측면에서도 결혼은 성소수자 인권 운동으로서 가치가 있다. 한 인터뷰에서 "크리스랑 행복하게 사는 모습을 보고 단 한 사람이라도 '게이로 살아도 괜찮구나'라고 생각했으면 좋겠다"라고 말한 풀풀달 제이에게는 지금 있는 자리에서 연인과 잘 살고 있는 모습을 보여주는 것이 최고의 인권 운동인 셈이다. 크리스의 생각 역시 그와 맞닿아 있다.

크리스 성소수자들에게도 이런 모습을 보여주는 게 더 좋은 것 같아요. 사회가 빨리 바뀌어서 이런 모습이 굉장히 자유롭고 편하면 좋은데, 아직은 이런 관계를 유지하기조차 힘들잖아요. 가족이나 직장, 친구 관계에서 어려움이 있을 수도 있고요. 게다가 미디어는 성소수자와 관련해서 결혼이나 인권 같은 내용에는 관심 없고 약간 희화화한다거나 자극적으로 접근하기 일쑤죠.

풀풀달 제이 미디어에서 다루는 게이들은 아주 특별한 캐릭터이거나 일상적인 모습이 아니잖아요. 게이에 대해 좀 안다는 사람들도 그저 이태원 클럽 같은 데 가서 노는 것만 떠올리는 듯하고요. 예전에 한 인터뷰에서 저희가 만난 지 10년이 됐다고 하니까 "게이 커플치고는 정말 오래 만나셨네요"라고 얘기하는 거예요. 이쪽은 짧게 만나고 쉽게 헤어진다는 그런 인식이 있어요. 그래서 다른 게이분들이 저희를 보면서 이런 가능성도 있다는 걸 알아주셨으면 좋겠어요. 사실 제 주변 커플 중에 저희가 제일 오래된 커플이거든요. (웃음)

나아가 두 사람의 모습이 가장 이상적인 것도 아니고, 그저 서로 원하는 모습으로 살고 있으며, 다양한 관계 중 하나일 뿐이라는 말도 빼놓지 않았다. 두 부부 덕에 게이에 대한 인식이 좋아졌다고 말할 수도 있겠지만, 어떤 관계든 정답은 없으니 자신이 원하는 모습으로 사는 그 자체가 아름답다고 할 수 있지 않을까. 그런 점에서 '다양성'이야말로 모두를 아우르는 화두일 것이다.

플플달 제이 퀴어퍼레이드에서의 노출도 누구는 음란하다고 하는데 음란한 게 나쁜 건 아니잖아요. 다양성을 존중하면 여러 문제가 해결 되지 않을까요?

다가올 미래를 꿈꾸며

힘들었던 결혼 준비부터 결혼 후 아직 남은 감사 인사까지, 쏜살같

:: 2016년 6월 초, 스위스에서
파트너십 등록을 한 두 사람
(사진: 플플달 제이 페이스북)

이 지나간 결혼식의 풍경을 잠시 들어보았다.

플플달 제이 스위스에서 결혼식 마치고 좀 있다가 한국에 결혼식 2주 전에 도착해서 너무 정신이 없었어요. 스위스에서 했을 때는 감정이 북받치기도 했는데, 두 번째라 그런지 한국에서는 그냥 재밌게 했던 것 같아요. 웨딩홀이 아니어서 좋다는 의견도 있었고, 사진도 별로 안 찍어서 짧게 진행했죠.

크리스 결혼식은 짧았는데 더 감동적이었다고 하더라고요. 몇몇 분은 눈물을 보이시기도 했고요. 저희는 한번 한 다음에 또 하는 거여서. (웃음)

으레 감당해야 할 몫들을 잘 소화해내고 있는 두 사람의 앞날에 또 어떤 무지갯빛 일들이 펼쳐질지 궁금해졌다.

크리스 아마 내년에는 스위스로 갈 것 같아요. 직장을 옮기면서 자연스럽게 같이 가게 되겠죠.

플플달 제이 저도 꼭 한국에 남아 있을 이유는 없어서요. 그 전에 두 번째 음반은 꼭 내고 가고 싶어요. 거의 다 준비됐거든요. 가게 되면 음악 공부도 더 하고, 독일어 공부도 좀 하려고요. 앞으로 음악 활동을 해도 계속하기는 힘들 것 같아요. 최근 전자음악 강의를 시작했는데, 그런 분야로 넘어가야 할 필요성도 느껴요. 음악을 만드는 걸로 제 커리어를 만들기는 어렵고, 같이 병행하면 좋겠죠.

'플래시 플러드 달링스'라는 이름으로 선보일 그의 두 번째 앨범은 어떤 모습일지 살짝 물어보았다. 2015년에 발매한 첫 번째 음반 〈보랍 앤드 테소로〉가 10대 시절 성소수자로서 겪은 자전적 이야기를 주로 담았다면, 새로 나올 작품은 좀 더 신나고 가벼운 느낌일 거라고 한다(플래시 플러드 달링스의 새 앨범 〈Fewchie Vs. Wolflove〉는 2017년 12월에 발매되었다).

플플달 제이 두 번째 앨범도 제 이야기가 바탕이긴 한데, 거기에 가상의 스토리를 만들어서 약간 공상과학 쪽 콘셉트에 신비로운 분위기일 것 같아요. 첫 앨범은 좀 깊잖아요.

크리스 제이가 음악하는 거 보면 엄청 자랑스러워요. 자기 이야기를 음악으로 만들고, 노래하고, 사람들에게 소개하는 게 참 대단해 보여요. 한국대중음악상 받을 때도 진솔하게 수상 소감을 전하는 모습을 보면서 존경심을 느꼈어요.

자신이 일하고 있는 곳, 표현할 수 있는 위치에서 끊임없이 성소수자임을 자각하며 산다는 게 쉽지는 않은 일이다. 그럼에도 할 수 있는 한 계속 노래하고 말하고 보여준다면 다가올 미래는 더욱 밝을 것임을 두 사람은 확신한다.

> **플플달 제이** 한국 사회에서도 곧 성소수자의 존재가 일상화될 거예요. 커밍아웃이란 것 자체도 없어지고. 언젠가는 그렇게 되지 않을까요? 10년쯤 뒤에는 성소수자에 대한 시선이 많이 바뀌지 않을까요? 제가 죽기 전에는 한국에 동성 결혼 제도가 생길 것 같은데. (웃음)

> **크리스** 점점 더 나아지겠죠. 영화 〈매드 맥스〉 같은 세계로 돌아가지 않는 한. (웃음)

여전히 많은 커플이 사랑을 그리고 관계를 꿈꾼다. 그리고 수많은 인연 속에서 언젠가는 한평생 같이할 동반자를 만나기를 바라기도 한다. 사람이 사람을 사랑하는 것만큼 고귀한 일은 없다고들 하지만, 그것조차 허락하지 않으려 하는 이들로 득실거리는 이 사회에서 우리들의 사랑은, 결혼은 어쩌면 투쟁일지도 모른다.

마지막으로 새로운 가족을 꿈꾸는 성소수자들에게 부부로서 하고 싶은 말을 부탁했다.

> **플플달 제이** 동성 관계를 이어가는 데 사회적으로 힘든 부분이 있더라

도 둘의 관계를 우선으로 생각했으면 좋겠어요. 사람이 행복하려고 살잖아요. 언젠가는 좋은 변화가 있을 거예요.

크리스 다양성을 존중하고 차이를 인정하는 게 제일 중요하겠죠. 그거야말로 삶이 더 즐거워지고 풍요로워지는 방법 아닐까요? 세계 각지에서 온 다양한 사람이 모여 살면 얼마나 재밌겠어요. 같은 나이, 같은 고향, 같은 성격, 같은 학교 출신보다는 다른 게 더 좋은 것 같아요.

서로 다른 두 사람이 만나 별처럼 반짝이는 인연을 맺는 신비로움을 어찌 말로 다 표현할 수 있을까. 부부가 꼭 잡은 두 손 놓지 않고 즐거운 현재와 더불어 언제나 두근거리는 미래를 꿈꾸기를 바라본다.

4

닮은 듯 다른,
믿음 안의 사랑

| 퀴 어 커 플 |
'도플과 갱어' 이야기 |

갱어 오늘 아침에 도플이 좀 아팠거든요. 부치라고 해놓고는 알고 보면 아주 그냥 공주님이에요. (웃음) 손이 많이 가요. 아프면 맨날 드러눕고.

도플 사실 이번 인터뷰에 응할 때 좀 고민했어요. 커플? 언제 헤어질지 모르는데? (웃음)

바쁘디 바쁜 일상의 틈새를 노려 어렵게 섭외한 이 커플, 시작부터 남다르다. 언제 헤어질지 모르는 마음으로 살아간다는, 농담 반 진담 반으로 툭 내뱉는 말 뒤에 숨은 진심이 빤히 보이는 두 사람. 떼어놓고는 상상하기 힘든 찰떡같은 닉네임의 탄생 비화부터 한국 사회를 살아가는 청년 퀴어로서의 진솔한 이야기까지, 지금부터 매력 넘치는 도플과 갱어 커플의 이야기를 들어보자.

같이 살아도 얼굴 보기 힘든 생활

두 사람을 처음 만난 건 약 2년 전, 당시 커플이 활동하던 단체의 인터뷰 자리에서였다. 그때도 각자 닉네임을 얘기하며 남다른 애정을 과시한 이들을 보면서, 솔직히 처음 든 생각은 '저러다 헤어지면 어쩌려고…'였다. 결국 기우였음을 확인하며, 우선 두 사람 각자의 과거로 거슬러 올라가 보기로 했다.

> **도플** 실제로는 여자만 만나고 있지만, 스스로 레즈비언이라고 하기에는 조금 애매한 구석이 있어요. FTM*에 가까운 젠더퀴어라고 생각해요. 어릴 때부터 제 정체성이나 성향에 대해 알고 있었고, 그래서 그냥 이런 게 레즈비언인 줄 알았는데, 레즈비언이면 누구나 남자가 되고 싶어 하는 건 줄 알았던 거죠. 그게 아니라는 걸 스무 살 넘어서야 알았는데, 정체성에 대해서는 아직 좀 혼란스러워요.

> **갱어** 스물두 살 무렵에 제가 레즈비언임을 알게 됐는데, 이런저런 분들을 만나오면서 막상 같이 살 사람을 얻는 건 참 어렵더라고요. 따져야 하는 게 한두 개가 아니니까요.

이렇게 아직 성 정체성을 찾아가는 사람과 확신을 가진 사람의 만남에서 서로의 관계가 단단해지는 건, 비단 성 정체성만이 관계의 모든 것을 말해주지는 않는다는 방증일 테다.

---

* Female to Male. 지정성별이 여성인 사람이 남성으로 성전환을 했거나 하길 원하는 사람을 뜻한다.

그나저나 두 사람의 닉네임은 어떻게 나온 것일까?

갱어 전 여친과 헤어진 지 한 달 만에 지금은 문을 닫은 '미유넷'이라
는 온라인 커뮤니티에 글을 하나 올렸어요. 수험생이라 더 외로워서
그랬는지는 몰라도 그냥 연락하고 지내는 또래를 만나고 싶었거든
요. 그런데 오히려 그게 취향을 저격했는지 쪽지가 많이 왔고, 도플도
그중 한 명이었는데 정말 독특하더라고요. (웃음) 마침 가톨릭 모태신
앙이라 고민이 깊었던 차에 상대방이 내가 생각했던 부분을 대신 말
해주니까 뭔가 통했던 것 같아요.

그렇게 혜화동 성당에서의 첫 만남은 외모지상주의자 갱어가
이쁜 도플에게 마음을 뺏기고, 성모 마리아상 앞에서 성호를 긋고
돌아선 갱어에게 도플이 마음을 뺏기면서 아름답게 기억됐고, 관
계도 급속도로 진전됐다. 알고 보니 도플 역시 한 달간의 솔로 생
활을 겨우겨우 보내고 바로 만났다고 하니, 그야말로 마성(?)의 퀴
어들 간의 역사적 만남이 아닐 수 없다. 더 재밌는 건 두 사람이 서
로를 알기 전 도플이 익명방에 쓴 글에 갱어가 "도플갱어가 쓴 글
같네요"라는 댓글을 달았고, 이 때문에 두 사람의 닉네임이 자연스
레 탄생했다고 한다. 이 무슨 판타스틱한 운명의 장난인가.
　아직 성소수자의 존재 자체도 낯설어하는 사람들 틈바구니에
서 커플임을 공식적으로 드러내는 인터뷰에 흔쾌히 응한 이유 또

한 물어보지 않을 수 없었다. 일단 '관계에 대한 믿음'이 있고, 이 바닥에서 공개 커플 찾기가 얼마나 어려운지 뼈저리게 알기 때문에 바로 승낙했다는 대답이 돌아왔다.

갱어 주변에서 볼 수 있는 인물들 중에도 성소수자 가족을 구성하고 싶어 하는 사람들이 있다는 걸 알아줬으면 좋겠다는 바람이었어요.

도플 이상한 생각이긴 한데, 인권 운동 판에서 사람이 없어 힘든 점을 몸소 느끼다 보니 저희라도 하고 싶었던 거예요. 그래도 4년 넘게 함께한 커플로서 나름 할 얘기가 많기도 하고요.

이렇게 섭외까지는 일사천리로 진행됐는데, 막상 만나려니 약속 잡기가 무척 힘들었다. 같이 안 살아서 그런가 했더니 그것도 아니란다. 다만 서른 살 문턱에서 스스로 생활을 꾸려나가다 보니 하는 일도 여러 가지고 쉬는 날도 서로 달라서 둘 다 시간이 되는 날을 맞추기가 어려웠다고 한다.

도플 제가 아무래도 고정 수입이 없는 프리랜서로 살다 보니 갱어가 부담이 좀 커서 기존에 하던 배우나 예술 교육 일이 아닌 다른 일들을 시도했어요. 그러다 보니 갱어랑 시간을 맞추기가 어려워서 그랬던 건데, 지금은 다시 '아, 나는 계속 하던 일을 해야겠구나'라고 생각

중이에요. (웃음)

캥어 일 나갔다 들어오는 시간 자체가 서로 다르다 보니 우리끼리도 만나는 시간이 많지 않아요. 게다가 제가 요즘 여기저기 일을 벌이고 있어서 거의 밤 10시 넘어 들어오는 터라 서로 얼굴 보기도 힘들어요.

사랑만으로도 충분했던 두 청년의 삶에 변화가 생긴 건 함께 생활한 지 약 2년 뒤. 처음 1년 동안은 으레 그렇듯이 서로 얼굴만 봐도 배부른 시절이었지만 현실과 마주하게 된 뒤에는 생계를 걱정하지 않을 수 없었고, 독립된 생활을 유지해야 했기에 1년 정도의 방황을 거쳐 스스로 일을 하러 나섰다. 지금은 '이 또한 지나가겠지'라는 마음으로 꿋꿋이 살아가는 두 사람. 이 역시 아직 결혼과 가족 제도 등 제도권 안으로 들어가지 못하는 성소수자 커플이

:: 일하고 있는 도플

짊어진 짐이라 생각하니 쓸쓸하기만 하다. 가족의 지지와 사회의 인정이 곧 안정적인 삶으로 연결될 수도 있기 때문이다.

> 갱어 처음에는 공부한다는 핑계로 부모님께 용돈 받고는 연애에 매진했는데, 어느 정도 관계가 안정되니 진짜 자기가 원하는 일을 찾게 된 것 같아요. 막상 사회 나와서 정규직에 그렇게 목맸던 것도, 예컨대 전세자금 대출을 받으려 해도 정규직 타이틀이 있어야 하더라고요. 사실 우리의 미래가 불투명해 보여서 괴롭기도 하죠. 그래서 '무지개요양원' 같은 실버산업에도 관심 있고요.

자연스럽게 스며든 존재의 숨결

'사귀는 여자 집에 가서 사는' 특기(?)를 발휘한 도플 덕분에 자연스레 갱어 집에서 같이 살게 된 두 사람. 누군가가 자신의 삶의 영역에 들어온다는 건 또 다른 일이다. 자신의 곁을 내어주고, 의식주를 함께 나누며, 돌아보면 항상 그 자리에 있는 누군가를 받아들인다는 것. 일상의 공유가 가져다주는 안정감과 만족감은 가족으로부터 느끼는 그것과 별반 다르지 않을 것이다.

> 갱어 사실 우리 집에서 자고 가게 할 생각이 딱히 있었던 건 아니어서 어쩌다가 재웠는데, 다음 날 너무 당당하게 제 옷을 입고 있는 거

예요. (웃음) 아무튼 그렇게 하다 보니 저희 집에서 같이 살게 됐어요. 쭉 이곳에서 살아서 그런지 애착이 생겨서 좀 좁아도 쉽게 옮기지는 못하겠더라고요.

도플 이상하게 그냥 같이 얘기하고 하루 이틀 지내다 보면 어느새인가 내 옷이 늘어나고 내 책이 쌓여가는데 그렇게 머물러도 나가라는 얘기가 없더라고요. 어쨌든 지금은 같이 살고 있는데 월세는 못 내는 대신 집안일을 도맡아 하고 있죠.

같이 살면 그동안 몰랐던 것도 알게 되고 못 보던 것도 보게 되는지라 많이 다투고 실망한다던데, 두 사람은 어떨까? '도플' '갱어'라는 이름처럼 죽이 착착 맞을 것 같기도 하고, 막상 생각과는 다른 현실에 놀랐을 것도 같은데.

도플 처음에는 둘 다 성격도 수더분하고, 가치관도 엄청 잘 맞아서 좋았어요. 저는 소위 운동권과도 많이 접촉한지라 과격에 가까운 진보라 생각하는데, 이 사람은 전혀 그런 사람이 아니어서 놀라지 않을까 걱정했지만 다행히 잘 스며들었죠. 재밌는 건 얘기하면 할수록 우리가 닮았다고 생각했는데, 살면 살수록 다른 걸 서로 보완하고 있다는 생각이 든다는 거예요.

정작 함께 거주하면서 맞닥뜨리게 된 불편함은 따로 있었다. 두 사람을 바라보는 이웃의 눈빛이 '여자 둘이 함께 산다'라는 시선으로 덧씌워져 '그렇고 그런 관계'라고 입방아에 오르내리는 건 예사다. 문제는 범죄에 노출될 위험까지 떠안게 된 것이다. 실제로 도플은 스토킹을 당한 경험까지 있어 보안에 신경 쓰지 않을 수 없고, 그러다 보니 주거비마저 올라가는 현실을 어떻게 받아들여야 할지 난감하기만 하다.

그럼에도 두 사람이 '동거'라는 방식으로 관계를 형성하고 삶을 꾸려나가는 것은 함께 살며 마음을 나누고 존재를 의지하는 것이 매력적이고 또 절실하기 때문이다. 물론 성적 긴장감이나 애틋한 마음을 계속 유지하고 싶은 커플은 자연스럽게 다른 형태로 관계를 구축하겠지만, 함께 살면서 누군가에게 나만의 세계를 오롯이 보여주고 미래를 같이 그리며 행복을 추구하는 것 또한 가족/공동체의 가장 큰 힘이 아닐까.

그래서 동거는 성소수자 가족 구성을 이야기하는 데 있어서 어쩌면 가장 기본이 되는 실천 형태일지도 모른다. 실제로 한국 LGBTI 커뮤니티 사회적 욕구 조사에 따르면, 설문에 응한 레즈비언들은 '오래 함께 사는 관계'에 대해 90.9퍼센트가 연인과의 관계를 사회적으로 인정받는 것이 중요하고(게이는 82.3퍼센트), 98.1퍼센트가 파트너십의 제도화를 원한다고 답변했다.

갱어 도플이 노래나 춤을 즐기고 연기를 하는데, 좋은 건 시시때때로 집에서도 다른 캐릭터를 연기한다는 거예요. 어제는 어떤 언니가 와 있었는데, 오늘은 또 어떤 아이가 와 있는 느낌이에요. 다중인격체와 산다고나 할까요? (웃음) 연기와 실제를 구분 못 하고 과도하게 감정 이입할 때가 있긴 한데 저는 그런 부분이 다채롭고 생동감 있어서 좋아요.

도플 어떤 사람이 됐든 처음부터 제 관심사나 있는 그대로의 모습을 보여주는 편이에요. 나라는 사람 자체를 좋아해주지 않으면 같이 살 수도 없다고 생각하거든요. 성적 긴장감은 다분히 개인적인 거라 복잡한 면이 있죠. 때론 폭발적으로 있다가도 때론 거의 없기도 하고. 제게는 그렇게 중요한 건 아닌 듯해요. 원래 제 모습은 남성에 가까운 면이 많다고 생각했는데 레즈비언들과 관계를 맺으면서, 또 성전환 수술에는 두려움을 느끼면서 살다 보니 그냥 이렇게도 살 수 있지 않을까 하는 생각이 들어요. 이 사람은 나의 이런 모습을 온전히 받아줘서 그런지 이제는 영혼까지 깊숙이 좋아하는 사람이 된 거죠.

이 세상 수많은 사람과는 다른 느낌, 나와 가장 잘 맞을 것 같다는 확신이 서로 들어야 특정 범주를 떠나 상대방을 받아들이고 함께할 수 있다는 마음이 생긴다. 두 사람 또한 그 전과는 다르게, 특별했던 상대방의 존재감을 놓치지 않으려고 처음부터 진심을

드러냈다. 혜화동 성당에서의 첫 만남을 생전 처음 격식 있게 차려 입고 나온 경험으로 기억하는 도플과, 도플이 '여성으로서의 연기는 성녀 아니면 창녀가 대부분'이라는 연극판을 벗어나 집에서 보여주는 다양한 모습이 마냥 사랑스럽다는("비글 한 마리를 데리고 사는 기분"이라는) 갱어에게는 '양날의 검' 같은 동거가 최선의 선택이었고, 부부로서의 유대감을 느끼게 해주는 실천 방식이었다.

　도플 같이 사는 기간이 오래되고 부부라는 생각이 더 많이 들수록 제가 가끔 그런 얘기를 하거든요. 연애하고 싶다고. (웃음) 근데 그건 그냥 일차적인 욕망에 가깝고, 내가 근본적으로 뭘 원하는지 따져봤을 때는 사람마다 다를 것 같아요. 성적 긴장감을 더 원하는 사람은 그쪽으로 가면 되는 거고. 저는 결혼이 주는 정서적 안정감이나 관계에 대한 신뢰감을 바탕으로 관계가 깊어질수록 무르익는 사랑을 경험할 수 있다는 점에 끌렸어요.

갱어 너무 가족처럼 됐다 싶으면 가끔 한 번씩 연애하는 느낌을 내보곤 해요. 아침 출근 전에 쪽지를 써놓고 나간다거나 한창 불타오르던 시절의 기억을 되살린다든가 하는 거죠. 데이트는 그냥 동네 돌아다니면서 같이 저녁 먹거나 도플이 점찍어둔 공연 보는 것 정도만 해도 좋아요.

결국 중요한 건 두 사람의 믿음

"가장 이상적인 관계란 서로에게 선한 영향력을 미치는 관계이다" 라는 말처럼, 서로 보듬어주고 아껴줌으로써 각자에게 일어난 변화는 참으로 소중했다. 불안으로 힘겨워했던 도플은 갱어 덕분에 차분하고 진실한 감정을 습득할 수 있었고, 누구랑 같이 사는 걸 꺼리던 갱어는 도플의 매력에 푹 빠져 처음으로 청혼까지 했다. 지금까지 그들이 걸어온 길이 그리 순탄치만은 않았을 텐데, 평생의 반려자를 만난 느낌이 어떨까?

도플 일 때문인지, 가족과의 부침 때문인지, 아니면 혼자 외롭다는 경험을 많이 해서 그런지는 몰라도 불안감이 많은 편이에요. 연애 때마다 한 6개월만 지나면 '나를 진짜 사랑할 거 아니면 다 가버려!'라는 식으로 생각하고 행동했으니 오죽했겠어요. 갱어와도 초반에 제가 파국적인 면에 사로잡혀서 헤어지자는 얘기를 내뱉은 적이 있어요. 그런데 갱어가 너무나 슬퍼하는 거예요. 나랑 헤어지는 걸 그렇게 순수하게 슬퍼하는 사람은 처음 봤어요. 또 그 슬픔이 나를 원망하는 게 아니라 있는 그대로 슬퍼하면서 내 결정을 존중해주려고 노력하는 모습이어서 아이러니하게도 그 순간 이 사람과 결혼해야겠다고 결심했죠. '이 사람은 믿을 만한 사람이다, 마음이 진국이다'라는 생각도 들고, 그 전에 이미 청혼까지 받았으면서도 그렇게 맘에 없는 말을 뱉어낸 저 자신이 부끄러웠어요.

갱어 다른 사람들에게 몇 번 청혼받긴 했는데 다 거절했어요. 결혼이란 게 같이 삶을 공유하고 싶은 사람이랑 하는 거지, 가족 간의 관계가 중요해서 한다거나 결혼 적령기니까 해야 한다는 사회적 규범 따위는 너무 싫었거든요. 도플은 연락할 때만 해도 관계에 능수능란하고 사람 잘 후리는 운동권 이미지였는데, 성당에서 처음 만났을 때 의외로 때 묻지 않은 아이 같은 면에다가 제 얘기를 공감해주는 게 마음에 들었어요. 결국 같이 지낸 지 한 달 만에 '아, 이 사람이랑은 같이 살아갈 만하겠구나'라고 생각해서 나랑 같이 살자, 나랑 결혼해줬으면 좋겠다는 식으로 얘기했죠.

도플 난 그동안 어떤 관계에서건 내가 더 적극적이었고, 또 이성애 중심적 사고 때문이었는지는 몰라도 내가 먼저 청혼하게 될 줄 알았어요. 그래서 당혹스러운 나머지 갱어에게 "지금 이게 결혼하자는 얘기야?" 물어봤어요.

갱어 그래서 결혼에 있어서 성별이나 포지션 같은 규범에 사로잡히면 안 돼요.

두 사람을 *끈끈하게* 이어준 또 하나의 끈은 바로 '신앙'이다. 삼대째 이어온 가톨릭 집안에서 모태신앙으로 태어난 도플은 수도공동체에 있었던 적도 있다. 어렸을 적 성소수자로서 괴로웠던 마음도 신앙에 대한 고민이나 경험을 바탕으로 자신을 찾은 뒤에는 자유로워졌지만, 관계 중독적인 생활에 지친 나머지 기도로 갈구하던 순간 마주친 사람이 갱어였다.

도플 나랑 오래 만나서 같이 살 사람 아니면 알아서 거를 수 있게 해달라고 기도했어요. 그러다 얼굴도 모른 채 온라인에서 연락한 지 얼마 안 됐을 때 갱어가 제 꿈에 나타나서 손을 두 번이나 감더니 놓지 않고 여기저기 다니는 거예요. 그 느낌이 너무 생생했어요. 그래서 일부러 첫 만남을 혜화동 성당으로 잡아 확답을 듣고 싶었어요.

갱어 또한 도플과 함께 들어간 단체에서 신앙관이 같은 사람들과 활동한 경험을 소중히 생각한다. 인권 운동을 잘 아는 것도 아니고 막 열정적으로 하는 스타일도 아니었지만, 자신이 도울 수 있는 부분을 함께 찾으며 신앙을 실천하고자 했다. 그러한 신앙에 대한 고민이 지금은 '탈종교'의 형태로 구현되고 있지만, 두 사람의 믿음에는 변함이 없다. 반드시 어딘가에 소속돼 신앙생활을 영위하지 않더라도, 꼭 무언가를 맡아 몸소 활동하지 않을지라도 마음 한구석에는 아직 해답을 찾고 있는 신앙의 자리가 남아 있음을 그들은 고백한다.

도플 용산 참사 현장에서 미사 드리는데 노래를 부른 적이 있어요. 겨울에 손도 마음도 시렸던 경험이 남아 있어요. 현장에서는 한 사람의 힘도 크다는 걸 알고 그래서 갱어와 함께 종교와 퀴어의 접점이 있는 곳에서 활동했죠. 갱어도 저도 둘 다 모태신앙이기도 하고, 저는 가톨릭을 제 부모처럼 생각하거든요. 종교를 통해 좋은 사람들도 만났지만, 한편으로는 청소년기 성 정체성으로 괴로울 때 종교 때문에 더 힘들었죠. 결국 신과의 대화를 통해 진리의 자유함을 느낀 것도, 사랑의 예수를 느낀 것도 신앙 안에서 가능했어요. 지금도 신앙은 제 삶의 중심점이고 거부할 수 없는 뿌리 같은 존재예요. 다만 유신론자임에도

:: 활동했던 단체 사람들과 함께한 퀴어퍼레이드

종교에 대한 회의감이 들어서 교회 밖에서 신앙인으로 살고 있어요.

갱어 종교에 대해서는 아직 답을 찾는 중이에요. 신앙은 중요하다고 생각하는데, 종교와 교리에 얽매이는 건 경계하는 편이거든요. 사실 텍스트라는 건 신의 계시를 받았다고는 해도 쓰는 사람의 입장이 녹아들기 마련이고, 기득권층이 하류 계층을 지배할 때 종교를 이용하기도 했잖아요. 그런 의도가 빤히 보이는 종교인들은 거부감이 들어요. 동성애에 대한 부분, 여성을 억압하는 부분만 문자 그대로 지켜야한다는 문자주의, 율법주의가 위험한 거죠. 신의 말씀이라는 미명하에 어떤 건 자기 입맛대로 해석하고 어떤 건 문자 그대로 받아들이라는데, 종교를 지키기 위한 속내가 보여요. 그래서 동반자와 신앙관과 가치관을 나눈다는 게 저희에게는 매우 중요해요.

함께 그리는 내일의 모습

신의 이름을 가장하여 벌이는 혐오스러운 광경들, 종교의 탈을 쓴 반인권적 모습들을 발견한 순간, 참된 신앙인이라면 종국에는 선택의 기로에 서게 된다. 그럼에도 특정 종교의 휘장을 건 채 나아갈 것인가, 아니면 종교라는 틀을 해체하면서 진정한 자유와 진리를 추구할 것인가 하는 문제에 과연 해답이 있겠느냐마는, 끊임없는 성찰과 물음을 통해 스스로의 믿음을 개척해가는 삶은 일견 가족/공동체의 의미를 되묻는 작업과 닮아 있다.

도플 사실은 저도 '가족' 하면 굉장히 따뜻한 느낌을 받곤 했어요. 그런데 여러 사건을 통해서 지금은 가족 해체주의까지 생각하게 되더라고요. 원가족에게 일찍이 커밍아웃했는데 반응이 좋지 않아 부침이 많았던 터라 지금은 애증만 남은 채로 절연했거든요. 어렸을 때는 부족함 없이 자랐고 부모님 기대대로 많은 걸 충족시켜드렸고 부모님도 제가 하고 싶은 일을 다 지지해주셨지만, 딱 하나 '딸이 여자와 결혼한 것처럼 산다'라는 사실에 배신감이 든다는 부모님의 고백이 얼마나 슬픈지 몰라요.

갱어 아직 집에 커밍아웃하지는 않았는데, 언젠가 부모님이 "너는 왜 남자친구를 집에 데려오지 않느냐, 너는 진짜 누구를 사랑해본 적이 있느냐, 너는 왜 그런 얘기를 우리한테 안 하느냐" 같은 얘기를 꺼내면서 서러워하시는 거예요. 그래서 "내가 정말 한 번도 누구를 만나보지 않았고 데려온 적이 없을 거라고 생각하시느냐"라고 대답했어요. 집에 데려간 적도 있고 전에 만난 사람도 부모님이 봤는데, 여자이기 때문에 인식 자체를 못 하신 것뿐이거든요. 결혼에 대해서도 저는 생각이 없다고 얘기했는데, 그다음 날 어머니가 "그래, 차가 있는 사람을 만났으면 좋겠다. 남자건 여자건"이라고 밑도 끝도 없이 말씀하셔서 당황했죠. (웃음) 지금 부모님에게 도플은 성당에서 알게 된 '자매님'으로 되어 있고, 신앙 이야기를 많이 하는 관계로 포장을 좀 했어요.

부모도 부모 나름이겠지만, 앞으로 어떻게 관계를 설명드리고 마음을 풀어나가야 할지는 두 사람의 숙제일 수밖에 없다. 계속 부딪히게 될 수많은 상황 속에서 부디 큰 탈 없이 지내기를, 좀 더 욕심을 내자면 언젠가는 있는 그대로의 모습이 온전히 받아들여지기를 바랄 뿐이다.

도플 한번은 갱어네 조카들이랑 논 적이 있는데, 저는 그 조카들이랑 같이 노는 것도 너무 재밌었거든요. 그중 큰 조카가 열 살인데, 일기장에다 "고모랑 고모 친구랑 놀았는데 너무 좋았고, 왜 같이 사는지 궁금하다"라고 썼다는 얘기를 들으니 참 좋더라고요.

갱어 그 조카에게는 나중에 커밍아웃해도 되지 않을까? (웃음)

'애착 관계와는 무조건 붙어 있고 싶다'(도플)는 소망과 '하루의 시작과 끝을 같이할 수 있는 사람이 있었으면 좋겠다'(갱어)는 소망이 이루어진 지금, 두 사람이 그리는 내일은 어떤 모습일까?

갱어 워낙 아이를 좋아해서 입양은 했으면 좋겠고, 잘 키울 수도 있을 것 같아요. 사회적 책임감이 없어 보인다는 편견도 좀 깨고 싶어요. 결혼 제도가 있으면 결혼도 하고 싶고요.

도플 저에게 제일 필요한 건 보호자로서의 제도적 보장이에요. 예전에 갱어가 쓰러져서 응급실에 간 적이 있는데, 그럴 때 불안하죠. 처음엔 제가 건강을 챙겨주는 게 다일 거라고 생각했는데, 이게 챙긴다고 금방 없어질 병도 아니고 개인적인 한계도 있어서 우선은 하루하루 행복하게 살자는 마음이긴 해요. 아무튼 이전 경험들 때문에 불안감이 좀 있고, 상대방에게 문제가 생겼을 때 내가 후속 조치를 해줄 수 없다는 점이 안타깝죠. 내가 제일 슬픈 사람일 텐데 그걸 표현할 수 없는 것도 기분이 안 좋고요.

주민세를 따로 내거나 집을 구할 때 가산점 제도에서 밀리는 것도 서글픈데, 전입신고 후 '동거인'으로 살아가는 사람이 몇 년에 한 번씩 무상거주 사유를 적어야 하는 현실은 누구를 탓해야 할까. 이성애·혈연중심주의 가족 제도가 너무나도 견고한 한국 사회에서는 조그마한 변화도 큰일이 아닐 수 없다. 실제로 재혼 가정의 배우자 자녀만 해도 얼마 전까지 주민등록 등·초본에 '동거인'으로 표기됐다고 하니, 그동안 받았을 상처는 무슨 수로 아물 수 있을지 짐작조차 되지 않는다. 그래서 누군가는 더 적극적으로 동성혼을 꿈꾸거나 새로운 가족을 그리며 기존의 관념을 깨뜨려야 한다.

> 도플 결혼도 원래는 별생각 없었는데, 갱어를 만나면서, 또 비혼주의자들을 만나면서 오히려 결혼에 대한 틀을 깨고 동성 결혼을 원하게 됐어요. 입양이나 출산 얘기는 제가 더 많이 했는데, 아이와 함께 가정을 꾸리는 삶을 이상적으로 생각하는 편이거든요. 옛날에는 제가 아빠로 불리는 상상을 했어요. 아빠가 가슴이 클 수도 있고 끼도 부릴 수 있잖아요. (웃음) 갱어는 아이를 잘 키울 거예요. 저도 갱어가 사람답게 만들었거든요.

물론 입양도 좋지 사랑하는 사람을 닮은 아이를 갖고 싶다는 두 사람의 소망이 부디 언젠가 이루어지기를 기도하는 수밖에. 오늘날 한국을 살아가는 성소수자 커플이 처한 절박한 현실이 다시 한번 실감 나지만 그래도 마지막은 훈훈하게, 서로에게 한마디로.

갱어 훈훈하게요? 사실 사랑한다는 얘기도 제가 훨씬 많이 하고 애정 표현도 저는 많이 해요. 얘가 안 해서 그렇지. (웃음) 그냥 저는 항상 이 사람에게 애정 관계를 기본으로 한 가족이 돼주고 싶어요.

도플 저 나름대로는 사랑 표현을 많이 한다고 생각하는데, '사랑해'라는 말 자체를 잘 안 한다고 저러는 거예요. 아마 감정 기복이 심해서 사랑 표현 하는 만큼 화낼 때가 많아서 그런가 봐요. 제가 아직도 갱어에 비해 많이 부족해요. 이런 저를 곁에 두고도 참고 사는 갱어가 고마워요. 모든 부분에서 많이 채워주기도 하고요. 처음 맞는 기념일에 우리에게 특별한 의미가 있는 〈결혼〉이라는 희곡을 손으로 쓰고 엮어 선물하면서 제가 다시 청혼하기도 했는데, 짝을 만나서 가정을 이루고 싶다는 간절한 마음이 만나 지금의 우리가 되었다는 게 감사해요. 항상 나를 지켜보고 지지해주는 가족이 있다는 것, 그리고 그게 갱어라는 사실이 경이로워요. 안정적인 내 편이 있다는 느낌, 그런 게 사랑의 힘이 아닐까요?

5

우리는
'따로 또 같이' 산다

'성북마을무지개'
사 람 들 이 야 기

참으로 각박한 현실이다. 국가는 국민을 개·돼지 취급하고 시민들의 반발에는 '가만히 있으라'며 무차별적 폭언과 폭행을 가한다. 국가 폭력으로 희생된 분에게 '병사病死'라는 정체불명의 사망 원인을 갖다 붙이고, 급기야 시신 탈취 시도까지 서슴지 않는다. 부동산 가격은 천정부지로 치솟고, 하루에도 수십 번 터지는 정계 비리 사건은 이제 신물 나는 뉴스다.

각박하고 찬바람 부는 세상에서 마을 주민들과 더불어 무언가를 해보려는 사람들이 있다. 이웃의 어려움이 그들만의 것이 아니라고 느끼게 된 순간 '같이 해보자'며 마음 문을 연 사람들. 성 정체성, 성적 지향의 차이를 떠나 성소수자와 비성소수자가 손을 맞잡고 머리를 맞대니 뜻이 모이고 열매가 하나둘 맺힌다. 첫 번째 공동 작업으로 마을 잡지를 만들고 있는 이들의 이야기가 궁금했다. 바로 성북구에 거주·생활하는 성소수자, 비성소수자 주민공동체 '성북마을무지개' 사람들 이야기다.

내가 사는 마을에서 일어난 사건

위기는 곧 기회라고 했던가. 성북마을무지개의 탄생 또한 주민들이 직접 참여하고 기획한 사업이 무산된 위기에서 꽃피웠다. 성북구 주민참여예산 사업이었던 '청소년 무지개와 함께 지원센터' 설립이 보수 개신교 세력의 압박으로 예산 불용 처리된 사건은 주민들 마음에 불을 붙였다. 시간이 지난 지금이야 차분하게 그때 사건을 얘기할 수 있지만, 당시를 떠올리면 아직도 가슴이 저릿해 오는 건 어쩔 수 없을 것이다.

> 기민 성북구청 지하 1층 구내식당에서 구청장과 면담했던 자리가 사건의 거의 마지막 장면이었어요. 사건과 관련한 지난한 과정에서 가장 치가 떨리는 순간이었죠. 그때 제가 느낀 건 아무리 지역에서 열심히 활동하고 여기저기 뛰어다녀도, 심지어 저 같은 경우는 일찍이 커밍아웃해서 많은 분이 알지만, 결국 내가 관계 맺고 있는 네트워크 안에서만 나의 정체성과 존재를 인정하고 지지해준다는 점이었어요. 지역 사회 전반에 걸쳐서 혹은 지역 행정과 연계되는 지점에서 나의 존재가 인식되거나 의미 있고 비중 있게 다뤄지지 않더라고요. 선출직 공직자들에게는 '1표'에 불과하고, 귀 기울이며 살펴볼 만한 유권자가 아니기 때문일 거라고 생각해요.

:: 성북마을무지개의 활동 거점인 '동네공간' (사진: 성북마을무지개 페이스북)

반면 어떤 공동체들은 그런 점을 잘 이용해 조직화한다. 그러면 공직자의 마음은 갈대같이 흔들릴 수밖에 없고, 성북구청장도 그런 결정을 내릴 수밖에 없었을 것이다. 그렇다면 주민들은 무기력하게 당하고만 있어야 하는 걸까. 앞으로도 이어질 비슷한 상황에서 언제까지 눈물로 하소연하며 상황이 끝나는 것을 지켜봐야만 하는 걸까. 지역 내 성소수자 공동체의 존재와 역할에 대한 고민은 여기서 출발한다. '우리도 같은 지역에 살고 있다'라는 목소리, '주민의 한 사람으로서 마땅하게 누릴 권리가 있다'라는 사실을 행동으로 보여주는 것. 쉽지 않지만 운명적인 선택이었다.

기민 당시 같이 활동하시던 분들도 '성소수자 주민공동체 같은 조직

:: '청소년 무지개와 함께 지원센터' 사업 불용 규탄 기자회견

이 시작점부터 있었더라면 다른 방식으로 전개될 수 있지 않았을까' 하는 의견을 주셨어요. 그런 공감대를 바탕으로 지금부터라도 지역 안에서 거주·생활하는 주민들의 모임을 만들어보면 좋겠다는 의견이 모여서 이렇게 모임이 탄생하게 됐죠.

지성 주민참여예산 사업 무산 위기에 대응해 활동할 당시 저는 계속 참여하진 못했고, 막판에 구청에서 못 하겠다고 했을 때 결합했거든요. 성북구청 앞에서 기자회견을 하는데, 그해 12월 초 서울시 인권헌장 무산으로 무지개농성을 했던 멤버들이 그대로 구청으로 와서 도움을 주신 거예요. 그때 좀 충격받고 반성을 많이 했어요. 시청에서 활동가들이 열심히 투쟁하는 모습을 보면서 같이 못 해 미안하면서도 복잡한 마음이 들곤 했는데, 성북구는 내가 태어나고 자란 마을인데 이렇게까지 와서 활동해주는 게 고맙기도 하고 미안하기도 하더라고요. 그러던 와중에 이 활동이 장기적으로, 정부나 구청을 상대로 한 싸움만이 아니라 지역에서 성소수자 이슈를 발굴해내고 알리는 작업으로 갈 것 같다는 얘기를 듣고는 자연스럽게 함께하게 됐어요.

사건 발생 후 9개월 만에 이뤄진 성북구 성소수자 당사자·지지자 모임 결성을 위한 준비회의Rainbow Meeting를 통해 '성북마을무지개'는 매달 정기 모임을 가지며 활동을 시작하게 됐다. 그러나 그 과정 또한 순탄하지만은 않았다. 안 좋은 일들이 여기저기에서

빵빵 터지는 현실에서 사건 하나가 시발점이 되어 사람들을 모으고 조직한다는 게 얼마나 어려운 일인지는 안 해본 사람도 어렴풋이 짐작할 수 있고, 해본 사람은 더 잘 안다. 사람의 마음을 움직이기 위해 필요한 노력을 어찌 말로 다 표현할 수 있을까.

그래서 사건 이후 9개월여 동안 자발적으로 사람을 모으고 모임의 구심점을 찾는 작업은 사건 평가 및 점검, 그리고 앞으로 지역사회에서 어떻게 활동하면 좋을지에 대한 논의와 함께 계속됐다.

기민 초기에 사건을 거칠 때는 성북구 지역 단체들과 함께하면서 성소수자와 비성소수자가 섞여 있다가 이후에는 당사자와 지지자가 자연스럽게 결합하는 형태로 간 것 같아요. 당사자들도 당사자 모임이 하나쯤 있으면 좋겠다고 생각했고, 지지하고 연대해주셨던 분들도 그런 모임이 꼭 필요하겠다고 의견을 주셨죠. 당사자 조직이 빈약한 상태에서 연대로만 그 간극을 채우기가 어렵다는 점을 느낀 게 아닌가 싶어요.

성북마을무지개의 또 다른 고민은 구성원의 성격을 어떻게 해야 하는가였다. 처음부터 당사자와 지지자가 함께 섞여 있는 모임으로 할지, 아니면 성소수자 당사자로만 구성된 모임을 먼저 만들고 후에 지지자도 연대하는 형태를 띨지 결정해야 했다. 최종적으로는 일단 당사자 모임으로 하고 당사자 모임을 중심으로 필요할

:: 성북마을무지개의 탄생을 위해 열린 'Rainbow Meeting' (출처: 성북마을무지개 페이스북)

때마다 연대 활동을 하는 방식으로 결정됐지만, 어느 쪽이든 지지
자를 염두에 두고 모임을 꾸려나가려고 했다는 점에서 공동체의
지향점을 잘 보여준다.

지성 회원 구성 자체는 그렇지만, 지금 모임이 비성소수자는 연대만
가능하다는 형태는 아니에요. 예를 들어 정기 모임에 스스로도 성 정
체성이 명확하지 않았던 분이 오셨는데, 모임을 계기로 많이 바뀌셨
거든요. 그리고 자발적 모임이긴 해도 누군가 날짜와 장소를 정하고
모여보자고 계속 끌어주는 역할을 해줘야 하는데 낙타, 기민 두 분이
그 역할을 잘해주셨고, 그 과정에서 다양한 사람이 들어오게 되지 않

았나 생각해요.

기민 하긴 처음 오신 분에게 당신의 성 정체성과 성적 지향이 무엇인지 물어본 적은 한 번도 없는 것 같아요. (웃음)

당사자와 지지자 사이, 연대의 끈

사람 사는 곳 어디나 다양한 사람이 있기 마련이고, 성소수자 또한 존재한다. 성북구는 특히 2016년 20대 총선을 대비해 진행한 '평등을 위한 한 표 Rainbow Vote'의 레인보우 유권자 선언 참여자가 서울시 자치구 중 세 번째로 많은 비율을 기록했을 정도로 성소수자가 적지 않음이 확인됐고,[*] 주민참여예산 불용 사건 후 물 흐르듯 이어진 당사자·지지자 모임은 10여 명이 모여 자조 모임의 성격을 띠게 됐다. 서로 모여 각자 사는 이야기도 나누고, 공동으로 할 수 있는 일이 뭐가 있을까 머리를 굴리다가 '같이 지역 안에서 해볼 수 있는 걸 찾아보자'는 결론이 나왔다는데.

기민 아이디어를 브레인스토밍했고, 제가 마을 잡지 만드는 사업을

---

[*] 서울시 전체 레인보우 유권자 2,726명 중 성북구는 165명(6퍼센트)으로 총 25개 구 가운데 마포구와 관악구에 이어 3위를 차지했다.

제안했는데 선정됐어요. 이미 저는 성북동에서 주민들과 함께 마을 잡지를 내고 있어서 친숙하기도 했고요. 사실 면대면으로 만나서 주민들과 교류한다는 게 쉽지 않은 일이잖아요. 커밍아웃 여부도 그렇고, 각자의 생각과 가치관이 균일하지 않은 상태에서 함께한다는 게 부담스러울 수도 있고요. 반면에 글은 필자의 존재를 대놓고 드러내지 않고서도 만들어낼 수 있으니까 그런 측면에서 활용하면 좋겠다고 생각해서 적극적으로 제안했어요. 마침 '서울마을미디어지원센터'에서 사업 공모를 하기에 내봤는데, 어떻게 만들어질지 무척 궁금하다는 심사위원들의 기대를 받으며 사업에 선정됐죠.

_지성_ 현재는 마을 잡지 발행에 주력하고 있어서 다른 안건을 가지고 모임을 진행하기보다 그냥 편하게 같이 만나 밥 먹고 사는 얘기 나누는 시간을 갖고 있어요. 또 그와는 별개로 잡지 편집위원회가 구성돼 있어서 정기적으로 편집회의를 하고 있죠.

물론 공동체가 생기고 모임이 이루어지면서 목적을 위해 함께 하는 건 필요하지만, 반드시 모든 일에 함께해야 한다거나 강제로 매번 모임에 나와야 한다는 분위기는 아니고, 그럴 수도 없다는 말에 고개가 끄덕여진다. 어떤 정치적 목적이나 구체적 비전을 밀고 나가는 결사체 성격의 모임도 아니고, 더군다나 기존에 살고 있는 지역 내 사람들이 자발적으로 같이한다는 공동체 특성을 생각하

:: 성북마을무지개의 지성과 기민

면 느슨한 운영 가운데서도 모임이 계속 이어지는 것 또한 당연하게 느껴진다.

> **기민** 지금은 그냥 서로 친분을 가지고 지역 안에서 오가며 교류하는 성격인 것 같아요. 모임에 못 온다고 해서 왜 못 오냐고 물어보거나 누군가에게 일을 떠맡기거나 하지는 않거든요. 대신 매달 회비를 내고 있고 제가 관리하고 있어요.

> **지성** 잡지 만들면서 필자를 섭외하게 되는데, 나름 문화 활동 하시는 분이 이 동네 사람이라는 걸 알게 되면 곧바로 원고를 청탁하기보다

는 마을에 이런 모임이 있으니 같이 사람들도 만나고 이야기도 하며 편안하게 잡지 제작에 참여해달라고 얘기하는 자리로 활용하기도 해요. 청소년 성소수자들을 위해 활동하는 성북구 내 단체인 '청소년성소수자위기지원센터 띵동'을 매개로 사람들을 만나기도 하고요.

거주 지역 기반 공동체의 또 다른 묘미는 사람들이 그 지역에만 살지는 않는다는 점이다. 모임에 있던 누군가가 다른 곳으로 이사 가면서 자연스레 나오지 않게 되고, 반면 다른 마을에 살던 사람이 성북구로 오면 모임에 합류하기도 하는, 유동적인 공동체의 특성에 따라 운영의 묘를 발휘하는 것도 현실적인 선택이었다.

그렇다고 임의의 모임으로 이루어진 공동체가 대표성 없이 회원들만 소소히 모아 일을 꾸리는 데에는 한계가 있다. 마을 미디어 사업 신청에서도 그러한 상황이 있었고, 대표자 세 명이 협약서 서명과 기타 운영을 위한 제반 사항을 담당하다 보니 누군가의 도움이 필요하기도 했다. 이러한 상황에서 자연스레 지지자와의 연대가 이루어졌으니 그야말로 금상첨화가 아닐까.

기민 성소수자에 대한 인권감수성은 기본이고, 아무래도 실무자인 저랑 편하게 수시로 만나서 교감하고 소통할 수 있는 분이면 좋겠다고 생각했죠. 더 중요한 건 우리가 하려는 활동을 공감하고 지지하는 분이어야 했는데, 딱 떠오르는 분이 있어서 대표자 일원의 역할과 함께 마을 잡지 편집위원장도 부탁드렸어요. 이전에 출판사에서 잡지 제작 경험도 있고, 생활협동조합에서 마을 관련 활동도 하고 있어서 적격이었죠. 기존에 알고 지내던 시스젠더 이성애자인데, 지지자로 함께해주시니 감사할 따름이에요.

지역에서 성소수자임을 드러내고 활동하는 것 자체가 대사회적 커밍아웃의 모양새가 되기 때문에 더 큰 의지와 힘이 뒤따라야 할지도 모른다. 하지만 이 또한 지역 기반 활동의 좋은 계기가 될 수 있지 않을까. 내가 살고 있는 지역에서 어엿한 주민으로서, 또 한 사람의 시민으로서 당당하게 목소리를 낼 수 있는 창구가 있다는 그 자체만으로도 든든한 '백'을 가진 기분이 들 것만 같다. 비록 자기 노출에 대한 입장이 정리되지 않았을지라도 자기가 사는 곳에 이런 모임이 있음을 알게 되면 한 번 더 생각해보게 되지 않을까. 그것만으로도 이 공동체가 얼마나 중요하고 왜 필요한지 뚜렷해진다. 그래서 더 많은 사람이 함께하면 좋겠다는 소망으로, 성북마을무지개 사람들은 배려하고 소통하며 함께하려는 준비가 돼 있었다.

지성 만약에 잡지 발행이 끝나고 이제 마을 잡지 편집위원 모임에서 여기 성북마을무지개 모임으로 넘어오라고 했을 때 본인의 정체성을 공개하고 마을 활동에 함께하겠다고 결정한다면 그렇게 하실 거고,

아니면 부담스러워하실 수도 있을 거예요. 그래서 당사자나 지지자 구분 없이 활동할 수 있는 '서포터즈' 얘기도 나오고 있고요. (웃음) 아무튼 아직 드러내고 활동하지 않는 게 편하신 분들도 있어서 그런 점도 배려하고 있어요.

첫 공동 작업, 마을 잡지

지역에서 할 수 있는 성소수자 활동은 어찌 보면 무궁무진하다. 각종 마을 행사나 전시회, 마을 미디어 활동 및 간담회, 마을 퍼레이드 등 잠깐만 생각해봐도 할 수 있는 일이 많아 보인다. 성북마을무지개 사람들 또한 다양한 생각을 가지고 차근차근 하나씩 이어나가려 하고 있다. 재밌는 건 최근 성북구에 성소수자 관련 행사나 이슈가 꾸준히 있었다는 점이다.

지성 2015년의 '성북무지개한마당'은 2014년 주민참여예산 사업 불용 사건을 평가·점검하고 후속 작업으로 주민감사청구를 위한 서명도 받을 겸, 함께하며 지지해준 단체들이 이 흐름을 계속 이어가면 좋겠다고 해서 이루어진 행사예요. 당시 행사를 꾸린 연대체인 '성북무지개행동'에 저희 성북마을무지개 사람들도 함께했고요. 구청의 만행을 알리고 행동하기 위해 성소수자와 비성소수자가 함께 어울릴 수 있는 자리를 마련하자는 취지였어요. 한번 하기는 했는데 지역에

서 이런 행사를 하는 게 매우 어렵다는 걸 깨닫는 계기도 됐죠. (웃음)

이렇게 의미 있는 행사가 열리기도 했지만, 주민들을 좌절시
킨 일도 여럿 있었다. 작년 6월 땡동은 마을 주민협의회의 제안으
로 성북구 장수마을에 있는 마을박물관에서 성소수자 관련 전시
회를 열고자 했지만, 담당자인 서울시 공무원의 대관 거부로 무산
됐다. 이에 시민인권보호관이 "명백한 인권 침해"라며 인권 교육
을 권고하기도 했다.

기민 또 다른 이슈는 2014년 말 주민참여예산 사업이 무산된 후 그
대안으로 성북구 인권위에서 성북구청이 직접 사업을 진행하라는 권
고안을 냈거든요. 이에 구청 출연 기관인 성북문화재단이 주관하는
'2015 문화 다양성 확산을 위한 무지개다리 사업'의 일환으로 성북
구 청소년 성소수자 실태 조사를 진행했는데, 인터뷰 참가자 모집을

:: 2015 성북무지개한마당 '함께
사니 참 좋다' 진행 모습

위한 홍보물에 지원처로 성북문화재단이 기재된 것을 안 재단 측이 기독교계로부터 민원을 받고 있다며 실태 조사 사업 담당자에게 항의하며 기관 이름을 빼달라고 한 일이 있었어요. 결국 이런 사업에 성북구청 산하 기관이 관여했다는 사실을 동네방네 알리고 다니지 말라는 얘기밖에 더 되겠어요. 이런 만행 때문에 그 사업에 참여했던 분들이 사업비 다 반납하고 뒤도 안 돌아보고 나왔죠. 아무런 희망도 기대도 없다는 걸 확인한 씁쓸한 순간이었어요.

한편 2015년 8월에 있었던 '성북구 청년·대학생 성소수자 집담회'는 성북구를 거점으로 활동하는 청년들과 만난 소중한 자리였다. 지역에 사는 성소수자, 비성소수자에게 줄 수 있는 생활의 팁을 마련하고 공감대를 형성하고자 진행한 섹션에서 청년들은 당사자성과 현재성에 기반한 성소수자로서의 이야기를 쏟아냈다. 이 또한 지역 거점 공동체가 할 수 있는 일로서 세대와 성별을 넘어 함께 어우러져 소통할 수 있는 또 하나의 창구가 되지 않을까 기대해본다.

기민 모임 자체도 서울시NPO지원센터에서 지원받았고, 장소도 상징적으로 성북구 인권센터가 입주해 있던 안암동 주민센터로 잡았어요. 성북구에서 안암동 주민센터를 인권 친화적인 공공청사로 만들고자 리모델링했고, 처음에는 인권센터도 입주해 있었거든요. 지금

:: 성북구 청년·대학생 성소수자 집담회 (사진: 성북마을무지개 페이스북)

인권센터는 다시 본청으로 들어갔지만, 상징성은 남아 있으니까 예약을 시도해봤는데 덜컥 된 거죠. 아무런 비용 들이지 않고, 성북구에서 관리하는 공공건물에서 성소수자들이 이런 얘기를 나눴다는 전례를 남겼으니 앞으로도 괜찮겠죠? (웃음)

지성 생각만큼 지역 기반 활동에 대한 얘기를 끄집어내지는 못했던 것 같아요. 내가 그 지역에 살면서 활동하는 것과 잠시 머무는 것은 또 다르잖아요. 생활권자와 거주자의 차이도 있고, 게다가 요즘은 SNS가 워낙 발달해서 꼭 본인의 지역뿐 아니라 다른 곳에서도 얼마든지 활동할 수 있고요. 그래도 각 학교에서 발행하는 간행물이나 곧 나올 마을 잡지 등을 소속 단체에만 배포하지 말고 마을 및 대학 도서관, 동아리방, 여러 마을의 기관 등에도 배포하자는 얘기도 나오고, 아무튼 기회와 한계를 동시에 확인한 자리였죠.

점점 마을과 마을 간의 경계가 허물어지고 온라인 공간의 활용과 생계에 따른 이동이 자연스러운 시대에 자신이 거주하고 생활하는 지역을 기반으로 활동한다는 것 자체가 어려운 일일지도 모른다. 내가 어디 있든 그리 중요하지 않은, 유동성이 너무나도 당연한 세태에 그럼에도 지역 기반 운동의 끈을 놓지 못하는 것은 지역 사회의 역동성이 아직도 우리 사회에 큰 힘으로 작용하기 때문이다.

2016년 주력 사업이자 공동체의 첫 공동 작업인 '성북, 무지개와 함께 마을 잡지'는 11월 발행을 앞두고 있다('성북, 무지개와 함께 마을 잡지 편집위원회'가 간행한 마을 잡지 《여기 우리 살誌》는 실제로 2016년 11월에 발행되었다). 다양한 논의 끝에 만들어보기로 한 마을 잡지의 모습은 어떨지, 그동안의 제작 과정과 소회가 궁금해졌다. 사실 요즘 마을 잡지가 생소한 것도 아니고, 성북구만 해도 기민이 직접 참여하고 있는 성북동 마을 잡지가 있다. 이렇게 마을 미디어가 발달한 상황에서 이번 마을 잡지는 무엇을 담으려고 하는 걸까?

지성 우리 역량을 시험해볼 수 있는 좋은 경험이었어요. 다들 자기 일 하면서 만드는 게 어렵다는 걸 깨달았지만 어떻게든 잡지는 나올 거고요. 띵동 등을 통해 들은 바에 따르면, 2014년 말 사건 이후 여러 행동, 기자회견 등 우리 성소수자가 이 성북구에 살고 있음을 알리는 활동이 나름 많았음에도 구청의 시각은 별로 달라진 게 없다고 하더라고요. 변화가 힘들다는 걸 느껴요. 그럴수록 뭔가 계속 더 해나갈 수밖에 없겠다는 자극을 계속 받고 있어요.

가민 저랑 같이 지역 활동 하는 분들 가운데 올해 상반기에 마을에서 결혼식을 올린 분이 있거든요. 제가 그분들 혼인 신고서에 증인으로 서명을 해줬는데, 결혼식을 올리기 전 제게 성소수자로서 결혼 선언문에 어떤 문구를 넣었으면 좋겠냐고 물어보더라고요. "모두를 위한 결혼을 지지하고, 그게 실현될 수 있도록 우리 부부는 노력하겠다"라는 문구를 넣고, 결혼식장에는 무지개 현수막을 걸면 좋겠다고 제안했어요. 그와 관련한 얘기도 이번 잡지에 담았어요. 또 제가 지금 살고 있는 공동체 주택의 입주자에게도 글을 부탁해 성소수자와 같이 사는 삶에 대한 이야기를 싣기도 했고요.

어렵사리 시작한 마을 잡지 안에는 성북구에서 일어난 성소수자 관련 이슈와 비성소수자를 위한 인권 가이드, 성소수자 관련 생활 정보, 성소수자가 직접 창작한 작품 등 지역에서 살아가는 성소수자와 비성소수자의 이야기가 적절하게 들어간다. 마을 미디어야말로 그 특성상 만드는 사람도 지역 주민이고 보는 사람도 지역 주

:: 기민이 증인을 선 지인들이 직접 준비한 결혼식 현수막 (사진: 성북마을무지개 페이스북)

민인 만큼 만들면서 서로 활발하게 교류하며 관계를 맺을 수 있고, 지역 주민들과 소통하는 매개체가 될 수도 있다. 조만간 세상에 얼굴을 내밀 결과물을 기대해보기로 한다. (많이 찍지는 않을 예정이라 희소가치가 있다는 소문이!)

주민공동체가 바라는 무궁무진한 길

함께 만들어낸 첫 결실을 앞두고 있는 성북마을무지개 사람들. 잡지 제작이나 마을 활동 자체가 처음이라 쉽지 않았고 너무 무리하게 추진한 건 아닌지 걱정도 되지만, 한편으로는 새롭고 소중한 마음이라는 이들. 이제 막 큰 발걸음을 떼려는 이들에게 앞으로 성북마을무지개가 나아갔으면 하는 길을 물어보았다.

기민 가깝게는 지역에 있는 공공도서관에 성소수자 관련 도서를 신청하고 배치하는 활동을 하고 싶어요. 작년에도 나왔던 아이디어인데 일단 접근하기 쉽고 당장 할 수 있는 일이기 때문이죠. 또 언젠가는 이 동네에서 성소수자의 존재를 알릴 수 있는 작업으로 퍼레이드를 해봤으면 좋겠어요. 장기적인 과제이고 꿈같은 얘기이긴 한데, 망원동에 '무지개집'이 생겼듯이 쉐어하우스나 공동체 주택도 생기면 좋겠고, 따로 살되 서로 인접한 집들에 거주하면서 삶의 환경 자체가 성소수자 친화적인 동네가 될 수 있도록 구조를 만들었으면 해요.

지성 사실 마을 잡지 만드는 일을 해보니까 하나 하기도 너무 벅차서… 하나씩 소소하게 천천히 해보자고 마음먹고 있어요. 중요한 건 제가 성북구에 계속 살 것 같다는 거죠. (웃음) 임대아파트에 살고 있어서 이동을 못 하는 상황이에요. 공부나 일은 다른 지역에서 했고, 특히 제가 '장애여성공감'이라는 단체의 성폭력상담소에서 오래 활동해왔는데, 거기는 서울시뿐 아니라 전국을 대상으로 활동하거든요. 그러다가 처음 이런 마을 모임도 갖고 마을에 있는 단체인 띵동에서 자원 활동도 시작한 거예요. 이제 시작이니까 좀 더 배워보고 싶고요.

:: 성북마을무지개가 속한 성북구 내 연대체인 성북무지개행동의 2015 아이다호 행사 참가 모습

　각자가 발붙이고 사는 이 땅에서 마을 잡지 제작 같은 공동 작업이 구심점이 되어 작은 꿈을 하나씩 키워나가고, 따로 또 같이 살아가며 무언가를 만들어가는 모든 과정이 주민공동체로서 성북마을무지개를 더욱 빛나게 해줄 것이다. 각자의 존재를 지지해주고 공감해줄 수 있는 환경에서 산다는 것 자체가 안정감과 평안을 가져다주지 않을까.

　가족/공동체의 기능이 구성원들과의 소통과 교류를 통해 소속감과 안정감을 안겨주고, 친밀한 관계를 바탕으로 공동의 목적을 이루는 것이라면, 주민공동체 또한 비슷한 형태로서 또 다른 대안이 될 수 있을까. 각자가 속해 있는 원가족의 테두리나 기존 소속 단체의 이념을 뛰어넘어 성북마을무지개라는 공동체가 갖는 의미는 또 다른 무언가일 거라는 생각이 들었다.

> **기민** 가족/공동체라는 말 자체도 최근에 생긴 것 같아요. 기존에는 가족이라는 게 내가 선택할 수 없는, 그냥 태어나서부터 평생 없어지지 않는 정체성 중 하나였지만 세상이 바뀌어서 이제 그 정도는 아니잖아요. 가족이라는 단위의 구속력이나 표식이 점점 더 약해질 거라고 보지만, 그렇다고 사람들이 어떤 공동체의 구성원으로서 소속되지 않고 온전히 개인으로 살 수 있을까 하는 물음에는 회의적이에요. 더 이상 예전처럼 기능하기 힘든 가족이라는 존재와, 사회적 동물인 인간이 혼자 살 수 없다는 현실의 간극을 공동체가 메울 수 있지 않을까 생각해요. 가치와 지향점, 목적 등을 공유하는 사람들을 중심으로 지역 기반이든 아니든 공동체는 계속 늘어날 듯해요. 예전에는 상상할 수 없었던 방식으로.

이미 세상은 그렇게 변하고 있고 앞으로 더 가속화될 것이 분명해 보이는 시점에서 어떻게 해야 고립되지 않고 잘 살아갈 수 있을지 고민하고 능동적으로 그 길을 찾는 과정은 계속될 것이다. 가족이라는, 내가 원하든 원치 않든 태어나면서 '자동적으로 부여되는 기득권'을 넘어 공동체라는 '스스로 노력해서 쟁취해내는 취득권'을 위해 노력한다면 개인의 삶의 내용이나 방향 또한 많이 달라

:: 성북마을무지개 사람들과의 인터뷰

질 것이라고 기민은 말한다. 반면 지성은 공동체의 미래에 대해 다른 생각이 있다.

지성 공동체라는 구성은 좋은데, 모임의 유지나 지속적인 운영 등 구조적 측면에서 저는 아직 회의감이 더 커요. 예를 들어 공동체 안에 성소수자를 비롯해 다양한 사람이 있는데, 현실에서 서로 부딪혔을 때 이상만큼 잘 해결되기 쉽지 않을 거라는 생각도 들고요. 그건 공동체만 힘써서 될 일이 아니고 사회 인프라, 구성원들의 의식 등 여러 가지가 필요하거든요. 하지만 희망은 당연히 갖고 싶죠. 마을 활동을 시작하면서 만난 분들을 보면 기존부터 활동하던 마을 활동가들이시더라고요. 평생 살았지만 사실 몰랐던, 마을에 관한 다양한 역동들을 듣고 나니 마을이 전혀 다르게 보이기도 하고요. 떵동이라는 단체가 주는 느낌이 사뭇 다르게 다가오기도 해요. 이전에 제가 다른 활동을 하면서 느꼈던 성북구가 이제는 그 성북구가 전혀 아닌 거죠.

바쁜 삶 속에서 우리는 막상 가까운 주변에 관심을 두기가 힘들지만, 조금만 눈을 돌려보면 다르게 다가오는 마을의 모습, 이웃의 면모가 보일지 모른다. 마음가짐에 따라 새롭게 바라볼 수 있는 그 시선이, 그리고 그러한 시선이 모이고 모여 만들어진 모임이 부러웠다. 부디 그 시선과 모임이 더욱 견고하게 이어졌으면 하는 바람이다.

어딘가에 존재할, 주민공동체를 만들고 싶어 하는 사람들에게 해주고 싶은 이야기도 빼놓지 않았다.

기민 당연한 말이지만, 무척 지난한 과정일 거예요. 마음먹은 대로 잘 되지도 않고. 내 마음도 내 마음대로 안 되는데요, 뭐. (웃음) 같이 으 쌰으쌰 마음을 모으고 뭔가 해나간다는 게 정말 어려운 일이라서…. 근데 중요한 건 시작했을 때 분명 이유가 있을 거잖아요. 저희는 저희 나름대로 이유가 있고요. 그 마음을 계속 간직해나가면 좋겠어요. 초 심을 유지하면 가끔은 모임이 어렵고 힘들어도 어떻게든 계속 갈 것 같거든요.

지성 제가 은평구에서 직장 생활 할 때 보니 마을 활동이 엄청 활발하더라고요. 살림의료협동조합이라는 존재가 중요한 발판이 되어 마을 사람들을 조직하는 모습을 봤거든요. 그걸 지켜보면서 우리 마을에도 이런 게 있으면 좋겠다고 생각했는데, 제가 성북마을무지개 활동을 하는 데에는 그런 욕구도 있는 것 같아요. 마을 내에서 발생하는 역동과 다양한 네트워크가 좋아 보였거든요. 그래서 롤모델이 굉장히 중요해요. 저에게는 은평구에서의 관찰이 제가 지금 살고 있는 성북구에서 무언가 해보고 싶다는 의지를 갖게 하거든요. 같이 무언가를 하면서 서로 배우며 함께 커가는 형태가 됐으면 좋겠다고도 생각해요. 성소수자라는 정체성을 가진 모임이 우리 마을뿐 아니라 이 마을, 저 마을에 있으면 굉장히 색다른 느낌일 것 같아서요. 같이 합시다!

두 사람의 기대처럼 곳곳에 비슷한 모임이 우후죽순 생겨나고, 성소수자와 비성소수자가 이런 모임들을 보면서 다시 한번 살아온 환경을 돌아보는 계기가 되기를 간절히 바라본다.

6

존중과 배려로 함께한
15년의 사랑

| 게 이 　 커 플 |
'승정과 정남' 이야기 |

"아들아, 그게 말이 되니? 절대 안 돼."

지난 추석 연휴, 고향에 내려가 부모님께 한 발짝 더 다가갔다. 20대 후반부터 이어진 연이은 거짓말에 나는 지쳐갔고, 점점 집에 내려가는 게 내키지 않았다. 부모님의 말씀이 잔소리가 되는 순간 나는 입을 꾹 다문 아들이 됐다가 이제는 능숙하게 말을 돌리는 경지에까지 이르렀다.

그러다가 15년간의 독거 생활을 접고 애인과 살림을 합치기로 하고는 고향집에 내려가 "친한 형이랑 같이 살기로 했다"며 부모님께 선전포고를 했다. 이미 "결혼하지 않겠다" "애인은 있지만 못 보여준다" 단계까지 간 마당에 마음 맞는 사람과 같이 산다고 하면 별로 대수롭지 않게 여기시지 않을까 하는 생각이었다. 큰 착오였다. 부모님은 결혼 적령기에, 배우자를 찾아 나서야 하는 마당에 딴 사람이랑 같이 산다니 등등의 논리를 내세우며 나를 옭아맸다.

결국 답답해서 일찍 올라와버렸다. "그 사람이 내 애인이에요"라는 고백이 목젖까지 차올랐지만 꾹 삼켰다. 닥쳐올 후폭풍이 무서워, 짐작조차 안 되는 반응이 두려워 이번에도 나는 '나쁜 아들'

이 됐다. 사랑하는 연인이 있음에도 당당하게 말하지 못하고, 낙담한 마음을 애써 여며야 하는 심경을 어찌 다 표현할 수 있을까.

그래서 더 오래되고 안정된 선배 커플을 만나고 싶었는지도 모르겠다. 굴곡진 세월을 넘어 이제는 반려자로서 서로를 보듬으며 살아가는 이들. 소소한 일상에서 소박한 삶을 꾸려나가며 어느덧 15년 세월을 함께한 게이 커플 승정과 정남은 그렇게 곁을 내어 주었다.

같이 산다는 건 엄연한 현실

승정 처음 만나고 나서 1년, 2년 하다 보니 어느새 15년이 되긴 했는데, 특별한 건 없어요. 그냥 똑같이 늘 거기 있는 그대로 함께했으니까요. 주변의 동성 커플 중에서 이렇게 오랫동안 함께 산 커플이 많이 없다고들 하니까 감회가 새롭기는 하죠. 남들은 하기 힘들다는 걸 그래도 15년 동안 유지해온 거니까 기분이 좋긴 한데, 특별한 감회는 없어요.

정남 우리는 원래 몇 주년이라고 따로 챙기고 그러지는 않아요. 유일하게 기념일 챙기는 게 생일 정도죠.

15주년을 맞이한 감회를 묻는 말에 두 사람의 대답은 비슷했

다. 항상 함께해왔기에 특별히 자축하지도 않았다는 담담한 답변에 그들의 두터운 신뢰가 묻어난다. 어쩌면 하루하루 일상을 공유하고 마음을 나누는 연인의 관계는 시간이 흐르면서 더욱더 자연스러워지는 게 아닐까.

심지어 서로 닮은 듯 보이는 두 사람의 첫 만남은 어땠을까? 누구에게나 처음은 특별한 순간이기에 더 궁금했다.

승정 이쪽 가라오케에서 처음 만났어요. 15년 전에는 스마트폰도 없었으니까요. 친구랑 친구 선배랑 셋이 갔는데, 정남이가 들어온 순간 '아, 저 사람이다' 하는 느낌이 딱 왔죠. 제가 첫눈에 뿅 가야 한다는 스타일인데 완전 맘에 든 거죠. 첫인상이 순수 그 자체였거든요. 근데 중요한 건 제가 제일 싫어하는 복장이었어요. (웃음)

정남 당시 정한 형이랑 성북구에서 같이 살던 때였는데, 퇴근하고 동네 수영장 갔다가 용식 형이랑 셋이 택시 타고 갔거든요. 별생각 없이 간 거라 반바지 차림에 슬리퍼 신고 갔는데 거기서 만난 거죠. 사실 저는 못 봤는데 정한 형이 저기 있는 사람 괜찮다고 해서 먹던 술이랑 잔 들고 다가갔어요. 알고 보니 자기도 맘에 들었다고 해서 잘됐죠.

그렇게 이루어진 두 사람의 인연은 당시 정남이 왕성하게 활동하던 친구사이 사람들과의 관계로 이어졌다. 1997년 6월, 동성애자 차별 교과서 개정 촉구를 위해 친구사이가 처음으로 탑골공원 앞에서 집회를 한 날 용기 있게 사회를 보고 그다음 해에는 친구사이 대표를 맡을 정도로 정남은 커뮤니티 활동에 적극적이었다. 반면 그런 활동을 잘 모르고 별로 관심도 없었던 승정은 정남 덕분에 사람들을 알게 되고 성소수자 인권에 관심이 생겼다며 고마움을 표했다. (나 역시 애인 따라 친구사이를 만났기에 그 기분을 잘 안다.)

　그럼에도 활동에 대한 온도 차이는 존재했기에 살짝 우려가 됐다. 물론 커뮤니티 활동이 필요하고 도움이 되지만, 그러한 온도 차이가 두드러지는 경우도 있기 때문이다. 다행히도 승정은 정남의 활동을 잘 보조하고 존중해주었다. 두 사람이 사귄 지 1년이 지나 동거를 시작한 점도 한몫했을 것이다.

> 승정 만난 지 1년쯤 뒤에 제가 먼저 같이 살자고 해서 아현동에 집을 얻어 살림을 합쳤어요. 물론 그 전에 고민을 많이 했죠. 주말에 잠깐 같이 있는 것과 아예 함께 사는 건 다르니까. 생각했던 것과 다른 점도 많으리라고 어느 정도 예상했어요. 그래서 그런지 동거에 대한 환상도 별로 없었고, 그냥 내가 좋아서 사는 거라고 생각해서 특별한 건 없었어요. 가끔은 다투기도 하고, 참을 건 참으면서 현명하게 대처했던 것 같아요. 결혼한 거나 다름없으니까.

　가사 분담도 특별할 것 없이 스스로 잘하거나 하고 싶은 일을

미루지 않고 하다 보니 딱딱 정해놓을 필요 없이 그때그때 해냈다고 한다. 사랑하는 사람과 같이 살려면 굳이 말하지 않아도 알아서 솔선수범하는 배려가 필요하다는 말도 덧붙였다. 문득 그 어려운 일을 해내고 있다는 데서 마치 이상적인 커플을 보는 듯한 느낌이 들었다.

정남 어쩌면 성격 때문인지도 몰라요. 할 일을 미루거나 남에게 떠맡기는 성격이 아니거든요. 원래 게으르거나 하기 싫어하는, 아니면 본인 치장에 바쁜 성격이면 맞춰나가기 힘들잖아요. 살다 보니 내가 안 하면 내 애인이 한다는 생각에 먼저 하게 돼요. 미루자면 한도 끝도 없으니까. 의외로 그런 것 때문에 싸우는 커플이 많더라고요.

일반 부부에게 기대되는 성 역할에서 벗어나 자유롭게, 자연스럽게 사는 모습을 들려주는 두 사람. 같이 산다는 건 엄연한 현실이지만, 한편으로는 그 현실을 맛있게 꾸려나가는 재미가 있을 것만 같다.

우리의 존재를 드러낸다는 것

이제는 1인 가구가 보편화되고 비혼이 비정상이 아닌 세상이 됐지만, 아직도 결혼 적령기의 젊은이들은 수시로 결혼에 대한 질문과 압력을 받으며 뭇사람들의 입방아에 오른다. 하물며 두 사람이 동거를 결심한 때는 14년 전, 나이도 30대 초반이었으니 그에 대한 생각을 안 할 수 없었을 것이다.

승정 동생이나 친구들은 알고 있지만 아직 부모님께는 말씀드리지 못한 상황이었죠. 그에 대한 부담이 심했기에 부모님이 요구하시는 대로 맞선을 보기도 했는데, 그때마다 상대편 여성에게는 양해를 구했어요. 그렇게 40대 초반까지는 결혼하라는 말이 이어지다가 제가 "결혼 안 할 수도 있다. 그러니 더 이상 맞선 보라고 하지 마시라. 그래도 결혼하라고 하시면 부담돼서 집에 안 내려올 수도 있다"라고 말씀드리니까 그 후 더는 이야기를 꺼내지 않으셨어요.

:: 인터뷰 중인 승정

　물론 이런 상황이 있기까지는 먼저 자신의 성 정체성, 성적 지향을 확립하는 과정이 있었을 것이다. 정남의 이야기는 친구사이 '커밍아웃 인터뷰'에 자세히 실려 있지만, 승정의 이야기는 처음 들었다.

　승정 어릴 때 남중, 남고를 나와서 남자들에 둘러싸여 있었어요. 고향인 강원도 태백이 그때만 해도 광산촌이라 다른 친구들은 얼굴이 까맸는데 저만 유독 얼굴이 하얬어요. 그래서 친구들이 놀리기도 하고 가끔은 성추행도 하고 그랬는데, 그때는 그냥 '친구들이 장난치는구나'라고 생각하며 쿨하게 넘거서 잘 몰랐죠. 대학생 때는 캠퍼스 커플로 여자도 사귀고 했는데, 군대 가서 전역 두 달 전에 일이 있었어요. 다른 곳으로 전입을 갔는데, 고참들이 새로 왔다고 옆에서 끌어안고 자더라고요. 그때 깨달았어요, 남자 품이 괜찮다고. (웃음) 그 사건으로 이쪽 세계에 눈 떠서 제대 후 게이 커뮤니티를 찾아 (처음엔 '파고다'가 아닌 '피카디리'인 줄 알았다는) P극장에서 데뷔했죠.

그렇다면 정남이 가족에게 커밍아웃하기까지의 과정은 어땠을까? 커밍아웃 인터뷰에서도 밝혔듯이 그는 대학교 1학년 때 성정체성 고민으로 자기 인생이 없는 듯 느꼈다고 한다. 그러다 병원에 가서 우울과 관련하여 정신과 선생님으로부터 많은 위안을 얻었고, 동성애가 질병이 아님을 알게 됐다. 또한 가족의 지지가 필요하다는 설명을 듣고 가족과 얘기한 끝에 결국 30대 중반에 게이 아들로서 인정받았다. 친구사이 활동은 그 전부터 하고 있었으니 여러모로 참 힘든 시간이었을 듯하다.

정남 1996년에 친구사이 활동을 시작했는데, 저야 뭐 마음먹고 하겠다고 했지만 다른 사람들은 별로 관심이 없었어요. 그러다 1997년 국

:: 인터뷰 중인 정남

내 최초 성소수자 인권 관련 집회(동성애자 차별 교과서 개정 촉구 집회)에서 사회를 보면서 자연스럽게 얼굴이 알려지고 "쟤는 그냥 대놓고 운동권"이라는 말도 들었죠. (웃음) 암튼 그 덕분에 세력도 좀 커지고, 특히 재우랑 같이 활동하면서 우리의 존재를 당당하게 드러내는 목소리를 냈던 것 같아요. 커밍아웃 인터뷰도 자연스레 하게 되고.

그런 시도가 친구사이에서는 처음인지라 여러 목소리가 있었지만, 정남은 이듬해 친구사이에서 처음으로 치른 대표 경선에서 압도적으로 당선돼 왕성한 활동을 펼쳤다. 당시 사람들이 집에 안 가고 종로 아지트(동남장 105호, 지금의 레몬트리)에서 서로 부대껴 함께하느라 시간 가는 줄 몰랐다는데, 그러한 열정과 의지가 지금의 끈끈한 친구사이를 만들지 않았을까.

그런 노력 덕분에 정남이 승정을 가족에게 소개하는 것도 자연스러웠다. 예전에도 애인을 가족에게 소개한 적이 있던지라 사귄 지 얼마 안 됐을 때 오히려 승정이 먼저 정남에게 "나는 집에 안 데리고 가냐"며 푸념했다고 한다. 어른들에게 붙임성이 좋은 승정을 정남의 부모님은 마음에 들어 하셨고, 이제는 반려자로 생각하신다는 이야기에서 또 하나의 가족이 탄생하는 장면을 목도할 수 있었다.

존중과 이해를 위한 노력은 필수

두 사람이 각자 걸어온 길은 이렇듯 겹치는 부분이 있으면서도 사뭇 다른 느낌을 준다. 정남은 예전부터 커뮤니티 활동을 왕성하게 하면서 목소리를 냈고, 승정은 옆에서 묵묵히 지지하고 지켜보면서 본인의 생활을 영위했다고 하니 그 또한 대단하게 느껴진다. 일상의 영역에서 서로를 배려하는 것은 끊임없는 애정과 신뢰 없이는 불가능하기 때문이다.

둘의 배려는 정남이 회사를 그만두고 종로에서 게이바 '프렌즈'를 운영하기로 한 일에서 특히 잘 드러난다. 지금은 종로를 대표하는 게이바가 됐지만, 처음에는 분위기가 사뭇 달랐기 때문에 정남과 승정은 고민할 수밖에 없었다.

정남 당시에도 게이바가 70~80개는 됐으니까 100개 정도 되는 지금과 비교해 큰 차이는 안 났는데, 업소 분위기는 많이 달랐어요. 거의 다 지하에 있는 간판 없는 가라오케라 밖에서 보면 이게 게이바인지 몰랐던 거죠. 그래서 종로는 나이 든 사람들이 주로 가고, 이태원은 젊은 애들이 간다는 얘기까지 있었던 거고요. 그러다 프렌즈 하면서 많이 바뀌었죠. 그동안 없던 분위기의 가게라서 처음부터 손님이 엄청 많았어요. 영업 방식이 다르기도 했고, 워낙 제가 방송에 많이 나와서 사람들이 신기해하기도 했고요. (웃음) 무엇보다 여기는 안심할 수 있다는, 그리고 여기 오면 지지하고 연대하는 마음을 품게 된다는 이야기를 전해 듣기도 했어요.

승정 다른 것보다도 업소 특성상 밤낮이 바뀌는 일을 할 수밖에 없잖아요. '철녀'(철의 여인)라고 불렸던 사람인데, 밤에 일하니까 점점 힘들어하는 게 옆에서 보이는 거예요. 그게 가장 안쓰럽고, 그 외에는 뭐 알아서 잘하니까요. 평소에는 서로 집에 있는 시간도 달라서 잘 때나 가끔 보고요.

이처럼 승정이 지지해주고, 함께할 수 있는 부분은 흔쾌히 따라가는 것이 얼마나 중요한지 모른다. 아직 커뮤니티 활동에 익숙하지 않은 이반들이 많기에, 그로 인한 견해 차이로 마음이 어긋나고 지치는 커플을 많이 봐왔기 때문이다.

그러한 애정이 다양한 이벤트를 통해 드러났다는 제보를 받은 터라 당시의 추억을 꺼내달라고 요청하지 않을 수 없었다.

승정 동사무소(지금의 주민센터)에 가면 '혼인신고서'가 있거든요. 1주년 기념으로 인터넷에서 그걸 다운받아서 제가 작성하고 각자 지인한테 후견인 서명을 받은 다음 액자로 만들어 선물해줬죠. 또 특별한 선물을 해주고 싶은 욕심에 그동안 쓴 시들을 모아 책으로 만들어서 선물하기도 했고요. 그때 그게 한참 유행이었거든요. 세상에 두 권밖

:: 승정이 정남에게 선물해준 특별한 책

에 없는 책이었던 거죠. (웃음)

정남 그런 게 참 심했어요, 몇 년 동안은. 세상에 없는 이벤트 다 하고, 별걸 다 만들어오고. (웃음) 그게 시간이 지나고 보니 참 좋아요. 살다 보면 솔직히 싫을 때도 있잖아요. 이해 안 될 때도 있는 게 당연한데, 그럴 때 다시 보면 예전에 나한테 이렇게까지 해줬다는 생각이 들면서 그냥 눈 녹듯 괜찮아지더라고요.

이제는 특별 이벤트를 하는 횟수가 줄었지만, 함께하는 나날 속에서 변함없이 아끼고 사랑하는 마음만으로 충분하다는 두 사람. 누가 봐도 '가족'이라는 이름 외에 달리 표현하기 힘든 관계지만, 사회는 여전히 그들을 남남으로 바라본다. 법적인 배우자가 아니기에 막상 보호자임을 증명해야 하는 순간에는 와르르 무너지고 거부당하는 불쾌함을 맛보는 것이다. 무엇보다 아플 때 곁에서 당당하게 지켜주지 못하는 게 가장 안타깝다.

정남 세가 허리 디스크로 병원에 갔을 때가 제일 그랬어요. 전화로 물어볼 때는 분명 된다고 했는데, 막상 가보니 안 된다고 한 거죠.

승정 아직까지 한국 사회에서는 요원한 숙제인 것 같아요. 숨이 꼴딱 넘어가는 상황에서 당장 수술이 필요한데 내 곁에 있는 사람이 법적으로 인정되지 않는 동성 커플이라는 이유로 도움이 안 된다고 하면 얼마나 힘들겠어요. 가족들은 다 시골에 있는데 언제 와서 동의해주

난 말이죠. 분명 문제가 있어요.

배우자와 결혼하면서 얻게 되는 사회적 혜택에서도 이들은 아직 배제되어 있다. 특히 1세대(마땅한 도리 없이 현장에서 인권 운동을 외치며 존재를 드러낸 세대)를 지나 2세대(SNS, 게이 커뮤니티 등 다양한 곳에서 자신을 드러내는 세대)로 흐름이 달라지는 마당에서 이제 노년을 생각할 수밖에 없는 1세대 성소수자들에게 이는 절실한 문제일 수밖에 없다. 함께 살면서도 정당한 가족으로서의 권리를 가질 수 없는 세상은, 과연 언제쯤 바뀔까.

당연한 권리, 그날이 오면

승정은 매주 조계사를 방문해 종교 활동을 하고, 정남은 한여름 뙤약볕에서도 정성스레 채소를 가꾸며 취미 생활을 하는 게 서로의 일상이 된 지금, 두 사람이 그리는 훗날의 모습은 어떠할까? 같이 살면서 좋은 날도 많았지만, 어쩔 수 없는 차별의 벽에 부딪혀왔기에 그들의 미래 앨범을 더욱 엿보고 싶었다.

승정 정남이가 나이 들면 시골에 내려가서 농사짓고 살자고 했는데 저는 농사를 못 하니까 싫다고 했죠. (웃음) 그 후로 깊은 얘기를 나눠본 적은 없어요. 계획이 있는 것도 좋지만, 그러면 그 계획에 맞추려

다가 삐걱거리거나 지칠 수도 있지 않을까요? 그냥 오늘 하루에 최선을 다하는 거죠.

정남 거창하게 무언가를 꿈꾸거나 그런 건 없어요. 20주년 되면 파티든 인권 운동 기금 마련이든 하면 좋지 않을까요? 우리 커플 기념일을 이용해서 결혼식 대신 기금 마련 파티를 여는 거예요. (웃음) 아무튼 지금처럼 서로 건강 챙기면서 아픈 데 없이 지냈으면 좋겠고요. 친구사이 사람들도 언제나 보듬으며 잘 지내야죠. 요즘 친구사이가 다양한 소모임이나 행사 등 문화 활동을 하는 모습을 보면서 전부터 생각했거든요. '게이인권운동단체'보다는 '게이인권센터'라고 해도 좋겠다고. 요즘에는 성소수자들의 커밍아웃으로 활동 반경도 넓어지고 커뮤니티 내의 인식도 급변한 것 같아요. 반면 시대가 변하고 할 게 너무나 많은데도 친구사이가 몇 년째 비슷한 사업을 하는 모습은 좀 안타깝죠.

여전히 친구사이에 대한 애정이 가득한 정남의 조언을 새겨듣던 중 문득 둘은 노후 대비를 어떻게 하고 있는지 궁금해졌다. 법적 배우자가 아닌 이상 보험·연금 수혜자나 상속 대상이 되지 못하는 게 현실인지라 승정은 점점 절박한 상황에 처할 수밖에 없는 심정을 토로했다.

승정 이것저것 혜택 못 받는 게 너무나 많아요. 세금 문제, 가족수당이라든지 배우자 공제, 가족 합산 마일리지 등등. 아직도 사회는 가족을 '이성 간의 결혼으로 이루어진 온전한 형태'로만 인정하니까 새삼 말할 것도 없죠.

전 세계 성소수자 인권 운동에 영향을 미친 2015년 미국 연방 대법원의 동성 결혼 법제화 판결은 그래서 더 중요하다. 동성 결혼이 그저 '동성 간 결합'에 그치는 것이 아니라 이성애자들이 아무 거리낌 없이 누리는 권리를 똑같이 인정받는 것으로서 부각되면서 곧 '혼인 평등'의 문제가 된 것이다. 그렇다면 두 사람 또한 결혼 생각이 있을까?

정남 법제화가 된다면 당연히 결혼하고 싶은 마음이 있죠. 결혼식과는 별개로, 그렇게 해야 부부로서의 혜택을 누릴 수 있으니까요. 단계적으로 생활동반자나 파트너로서의 인정 등을 거쳐 갈 수는 있겠지만, 결국 똑같은 권리를 누린다는 측면에서 결혼을 통한 법적 인정이 돼야 한다고 봐요. 어찌 보면 지금 우리가 하고 있는 게 다 선례죠. (웃음) 열심히 달려온 끝에 산 너머에 무지개가 있음을 알게 되고, 한편 그 산 너머에 또 다른 산이 있음을 알게 되는 것처럼 이성애자들이 누리는 법적 권리를 성소수자들도 똑같이 누릴 수 있다고 해서 그걸로 끝은 아닐 거예요. 일차적인 목표는 이성애자들과 동등한 권리지만, 그때 되면 다시 새로운 목표들이 생기겠죠.

이렇게 아직 많은 사람이 걷지 않은 길을 두 손 맞잡고 걸으며 선례를 남기는 두 사람. 문득 "혼자 꾸는 꿈은 그냥 꿈이지만, 함께 꾸는 꿈은 현실이 된다"라는 문구가 떠오른다. 마지막으로, 향후 반려자를 만나 함께 살기를 꿈꾸는 후배들에게 조언을 부탁했다.

승정 동거는 환상이 아니라 현실이거든요. 그러기에 상대방을 존중해주고 이해해주고 있는 그대로 받아들여 주면 좋겠어요. 내가 사랑하니까 저 사람도 나처럼 사랑해주길 바라거나 내가 하는 만큼 보답을 원할 수 있잖아요. 물론 그 사람의 삶 속으로 들어갈 수도 있겠지만, 그 사람을 변화시키려 하기보다는 자연스럽게 배려해주고 나를 내려놓을 줄도 알아야 오래가는 것 같아요.

정남 너무 정답을 얘기하네요. (웃음) 사실 저에게 제일 많이 물어보는 질문이 '어떻게 그렇게 오래 함께 지낼 수 있느냐'거든요. 그런데 아무리 생각해봐도 우리 관계가 특별하거나 애정이 남달라서는 아닌 것 같아요. 저는 오래전에 가족을 비롯한 모든 지인에게 커밍아웃했고, 배우자를 소개해주고, 서로 자연스럽게 왕래하고 지내다 보니 저뿐 아니라 지인들도 우리 관계를 이성애자들의 결혼 생활처럼 받아들이는 경향이 있어요. 대다수 이성애자들도 연애와 결혼 생활은 다르잖아요. 연애할 때는 사소한 이유로 헤어지기도 하지만 결혼하면서는 그런 연애 생활과는 일정 정도 선을 긋는 경향이 있어요. 책임감도 더 생기고요. 우리도 그랬던 것 같아요. 살다 보면 상대방이 미워지기도 하고 다른 사람이 눈에 들어오기도 하지만, 장기적인 연애와 결혼 생활을 꿈꾼다면 그런 순간들을 잘 극복해야 해요. 지내다 보면 분명 권태기도 있지만, 함께하는 시간이 많아질수록 이전에는 보이지 않던 새로운 면도 보이고 연애 초기에는 느끼지 못했던 좋은 감정도 많이 생기더라고요.

"엄마, 그냥 나 그 형이랑 같이 살기로 했어요."

자식 이기는 부모 없다는 말이 한 번 더 통했으면 하는 심정으로, 몇 번의 문자와 전화까지 동원한 엄마의 설득을 나는 끝내 무마시켰다. 죄송한 마음보다 안타까운 마음이 더 컸다. 쉽게 내린 결정이 아니었기에 더 그랬는지도 모른다. 사실 아직도 내가 애인과 별문제 없이 잘 살 수 있을 거라는 확신은 들지 않는다. 다만 승정과 정남 커플의 이야기를 들으며 모든 것은 마음먹기에 달렸음을 새삼 느꼈기에 나도 애인도 서로의 든든한 옆지기로 함께하기를 두 손 모아 바라본다.

7

우리 관계를
반으로 자를 수 있나요

| 레즈비언 커플 |
| '이경과 하나' 이야기 |

"저는 여성이고 동성애자인데

제 인권을 반으로 자를 수 있습니까.

제 평등권을 반반으로

자를 수 있냐는 말입니다.

유력 대선 후보면 대답을 해주시란 말입니다.

왜 이 성평등 정책 안에

왜 동성애자에 대한 성평등을 포함하지 못하시는 겁니까."

"나중에! 나중에! 나중에!"

2016년 말 터진, 한 나라의 대통령과 최측근 민간인이 짜고 친고스톱에 온 국민이 놀아난 국정농단 사건을 우리는 또렷이 기억한다. 촛불민심은 진정한 민주주의를 외쳤고, 그 위세에 힘입어 정권은 바뀌었다.

하지만 대권을 놓고 다투던 당시, 현 대통령의 행보는 아쉬움을 자아냈다. 제 발로 한국기독교총연합회(한기총)를 찾아가 "성적 지향까지 포함한 차별금지법은 만들지 않겠다"라고 약속했다는

뉴스는 보편적 인권을 바라는 많은 이들의 공분을 사기에 충분했고, TV 토론에서는 보수당 후보의 "동성애에 찬성하는가?"라는 질문에 "찬성하지 않는다"라는 어이없는 발언으로 우리를 황망하게 했다. 언제까지 성소수자는 '가만히' 있어야 하고 성소수자 인권은 '나중에' 얘기해야 한단 말인가.

이에 분연히 나서서 성소수자의 목소리를 전달한 사람이 바로 이경이다. 성소수자 인권을 위한 자리에는 항상 그녀가 있었고, 어렵고 힘든 길을 마주하면서도 지치거나 밀려나지 않고 함께했다. 그리고 지금 그녀 곁에는 소중한 사람이 자리하고 있다. 어느새 3년이 훌쩍 넘게 인연을 이어온 이경과 하나 커플을 만나보자.

서로를 채워주는 동거

하나 저는 같이 살자는 얘기를 아주 오래전부터 했어요. 왜냐면 제가 혼자 살게 된 게 사귄 지 1년쯤 된 때였거든요. 그래서 이제 혼자 사니까 이경이 들어오면 되겠다고 꼬셨는데. 확신이 없었는지 좀 더 있다가 집에 들어오더라고요. 그것 때문에 많이 싸웠어요. 주말에라도 좀 같이 있고 싶은데… 한번은 토요일에 왔다가 바로 집에 간다고 그래서 크게 다툰 적도 있어요. (웃음)

이경 2016년 10월에 동거하기 시작했어요. 사귄 지 3년 3개월 만인데 그동안은 서로 시간 될 때 보곤 했는데 그게 잘 안됐죠. 일에 치여서. (웃음) 사실 확신이 없었던 건 아니고, 엄마랑 그렇게 친한 건 아니지만 어쨌든 엄마가 혼자 지내니까 그게 걸렸던 거죠. 게다가 저는 본가에 살고 있었으니까 집을 떠나 완전히 다른 환경에서 사는 게 걱정도 됐고요. 그리고 제가 집안일을 잘 못하다 보니. 반면 하나는 살림 부치거든요. (웃음) 저랑 패턴이 좀 안 맞지 않을까 했죠. 어쨌든 집에는 대충 핑계 대고 나와서 살게 됐어요.

그동안 만난 레즈비언 커플들은 대개 동거 중이었기에 두 사람의 관계는 어떤지 가장 궁금했다. 동거가 관계 맺기의 연장선에서 서로를 더 가깝게 하는 삶의 형태라는 점에서, 이르지 않게 한 발짝씩 천천히 주변을 살피며 함께하게 됐다는 두 사람.

> **이경** 같이 살면 해보고 싶었던 게 친구들을 집에 초대하는 거였거든
> 요. 두어 번 집들이하고 나서는 도저히 힘들어서 못 하겠다고 생각했
> 지만요. (웃음)

> **하나** 동거 시작했을 때가 백남기 농민 돌아가셨을 때였거든요. 서울
> 대병원에서 집까지 오는 건 거리도 멀고 힘드니까 걱정이 됐는데 그
> 래도 결심했는지 집으로 들어오더라고요. 그때부터 토요일이 없었기
> 때문에 집들이는 거의 일요일에 하고 바로 다음 날 출근해야 하니까
> 힘들었던 거죠.

함께 사니 서로 말동무도 되어주고 한 잔 두 잔 술이 늘었다는
얘기에 무릎을 탁 치고, 살도 쪘다는 말에는 잠깐 한숨 쉬며 공감
하기도 했다. 나 역시 동거를 시작하고선 비슷한 경험을 하고 있기
때문이다.

> **이경** 그동안은 본가에 살면서도 '이 집은 내 집이 아니야'라고 생각했
> 던 게 내 생활이 집에서의 환경과 섞이는 기분이 아니었거든요. 근데
> 동거하니까 "오늘 뭐 했어?" 서로 물어보고 직장 욕도 하면서 일상을
> 공유하니 비로소 '내 집'이라고 느끼는 것 같아요.

한편 두 사람에게는 다른 고민이 있었다. 커뮤니티 안에서 만나 같이 활동도 하다 보니 활동과 연애의 경계가 모호해진 것이다. 함께하는 시간이 대부분 활동으로 점철되다 보니 양가감정을 느꼈을 법도 하다. 그럼에도 이제 세트(?)로 생각할 수밖에 없는 두 사람이 활동을 놓지 못하는 이유는 무엇일까? 활동에 쏟는 시간과 에너지 등에 온도 차는 있겠지만, 커플이 관계를 유지하고 확장하는 데 커뮤니티 사람들과의 친밀감과 교류는 분명 득이 더 컸을 것이다.

이경 주말에도 일하거나 활동하는 경우가 많다 보니까 만나기 힘들었죠. 시간은 없고 몸은 힘들고. 데이트하는 걸로는 부족했는데, 거기다 활동이 있으면 데이트와 활동을 동일시해서… 뭔지 아시죠? 내가 오면 하나도 오냐고 물어보고 하나도 온다고 하면 일 시키고. (웃음) 근데 또 하나는 제게 운동을 더 열심히 해야 한다고 하니까 좀 모순이 있긴 해요. 열심히 해야 한다고 하면서 시간을 못 내는 건 또 별로 안 좋아하니까.

하나 왠지 동원되는 느낌이야. (웃음) 근데 당연히 더 열심히 해야 하고 지금이 언제 다시 올지 모르는 정말 중요한 시기니까, 거기서 할 수 있는 일이 너무나 많은 사람이니까 하라고 하는 거예요. 하지만 집에 오면 또 너무 힘들기도 하죠. 혼자 있으니까. 그럼 짜증도 좀 부리

고 화도 좀 내다가 '아니야, 이러면 안 돼' 이래요. (웃음)

서로가 곁에서 지켜보며 활동의 가장 큰 지지자가 되어주는
존재라는 점이 느껴지면서도, 커뮤니티 활동을 같이 하는 커플 대
부분이 겪는 고민에 공감도 간다. 결국 나 혼자 잘 살려고 하는 일
이 아니라 모두가 함께 행복하려고 하는 일임을 잘 알기에 서로가
애인이자 동반자, 존경하는 동지라는 말이 더 절실히 와닿는다.

하나 단체 활동이라기보다는 지금 일들이 국가적으로 해야 하는 것들

:: 평화 버스를 함께 타고 성주 사드
반대 집회에 참여한 두 사람

이잖아요. 이 시대에 꼭 해야 하는 이야기나 일이 있으니까, 함께 있는 사람이니까 서로 돕고 채워주는 거죠.

활동과 연애, 두 마리 토끼 잡기

이쯤에서 아무래도 같은 곳에 몸담고 활동하는 이야기를 빼놓을 수 없었다. 오프라인 커뮤니티 활동이라고는 생전 처음인 하나와 오래전부터 관심 갖고 활동해 이제는 혐오 세력들도 다 아는 이경은 어떤 느낌을 좇아 만남을 시작했을까?

> 하나 행성인* 들어간 지 한두 달밖에 안 된 상황에서 당시 운영위원장이던 이경에게 둘이 만나서 이야기하자고 했는데, 덥석 물더라고요 그걸. (웃음) 그래서 만나서 술 먹고 얘기하는데 시간이 어떻게 가는지 모를 정도로 너무 재밌는 거예요. 그때 '아, 이 사람이랑은 그냥 같이 가겠구나' 하는 생각이 들었어요.

> 이경 하나는 흥산회('흥건하게 산을 타는 회원 모임'이라는 뜻의 행성인 소모임)로 데뷔했는데, 나오게 된 계기가 다니던 교회 목사님이 고 육우

---

* 행동하는성소수자인권연대의 약칭. 1998년부터 활동해온 동성애자인권연대(동인련)가 2015년 2월 행동하는성소수자인권연대로 명칭을 변경했다.

당* 얘기를 했대요. 그 전엔 행성인이 있는지도 모르고 그냥 혼자 집회 다니는 민주 시민의 일원이었는데, 그렇게 흥산회 처음 나와서 간 데가 북한산의 '여성봉'이었어요. (웃음)

하나 그땐 진짜 처음으로 동성애자 '무리'를 만나러 간 자리여서 깔맞춤해 입고 신경 써서 갔는데, 나중에 사진 보니까 그렇게까지 하고 온 사람은 또 없더라고요. 제가 제일 동성애자 같았어요. (웃음) 암튼 그 전엔 여자 애인만 한두 명, 그것도 큰 용기 내서 만났는데, 이경을 만나고 나서 확 바뀌었죠. 사귀기로 한 다음 날 홍대에서 첫 데이트 하면서 이경이 손잡았을 때 화들짝 놀라기도 하고요. 처음 있는 일이라.

손만 잡아도 동성애자라고 생각할까 봐 두려워했던 사람들의 시선에서 풀려나고, 애인만 있으면 어떻게든 살아갈 수 있으리라는 억눌린 감정에서 벗어나면서 그동안 몰랐던 세상과 접하게 됐다는 하나. 처음 커뮤니티에 데뷔하는 사람이라면 대부분 겪는 경험이어서 절로 고개를 주억거리게 된다. '나만 혼자 잘 살면 되지 않을까'라는 생각이 곁에 있는 사람의 삶을 마주하며 '함께 살자'는 마음으로 물들어가는 건 축복이자 관계 발전의 기회가 아닐까.

---

* 동인련(현 행성인) 회원이자 동성애자 인권운동가. 청소년 성소수자로서 활동했던 그는 주위의 괴롭힘에 시달리다 2003년 끝내 죽음의 길을 택했다.

하나 성소수자 커뮤니티 내에 이런 커플도 있다는 걸 알리고 싶어요. 이성애자들도 헤어지거나 이혼하는 부부가 많은데 유독 우리만 더 그렇게 보는 게 좀 못마땅해요.

커뮤니티 안에서 연애를 하면 안전하고 지지받을 수 있지만, 한편으로는 서로 너무 많은 것을 함께하려다 보니 자칫 지치거나 다치기도 쉽다. 과연 두 사람은 그 아슬아슬한 경계를 어떻게 넘나들고 있는지 궁금했다.

이경 사실 행성인 말고 다른 커뮤니티 활동은 안 했기 때문에 행성인 안에서 연애를 하긴 했는데, 이후에는 밖에서 사람을 만나려고 노력했어요. 근데 일하면서 친해지는 스타일이기 때문에 대화가 잘 통해

:: 인터뷰 중인 두 사람

야 해서 결국 단체에서 사람을 만날 수밖에 없었어요. 저는 나쁘지 않다고 생각하는데, 물론 어려운 건 좀 있죠. 만약 그러다 관계가 끝나면 엄청 어색해지는데 한 명 한 명 다 훌륭한 활동가들이니까 잘 지내야 하는 고충이 있잖아요. 그래서 하나랑 사귈 때도 과연 길게 갈 수 있을까 생각하기도 했지만, 그래도 그땐 몇 살 더 젊었으니까. 그리고 좋아하는 사람이 있는데 그걸 또 흘려보내기엔 너무 아깝다는 생각에 어떻게든 되겠지 하고 사귀었어요.

하나 처음 만난 사람이 운영위원장인 데다가 행성인이 이 사람 '나와바리'여서 약간 시댁 같은 느낌이 있었어요. 그렇다고 알지도 못하는 사람한테 얘기할 수도 없고 해서 어찌어찌하다 아는 회원들 붙잡고 이경이 날 이렇게 서운하게 했다고 하면 돌아오는 반응이 "참아. 활동이야"였어요. (웃음)

이렇게 조직을 위한 희생(?)을 감내하고서 지금껏 함께해왔기에 활동과 연애, 두 마리 토끼를 잡을 수 있었던 두 사람. 지금은 두 여성이 같이 사는 것을 의아해하는 이웃의 시선도 아랑곳하지 않고 더욱 단단한 관계를 만들어나가는 모습에서 내공이 느껴졌다.

하나 하루는 경비원 아저씨가 지방에서 올라온 우리 엄마한테 왜 딸내미 결혼 안 시키냐고 물어봐서 엄마가 "왜요. 같이 사는 사람 있잖아요"라고 얘기하니까 "아, 그 여자분이요?"라고 했대요. 이경의 존재를 굳이 언급하는 게 좀 불편하긴 했죠.

원가족의 지지는 성소수자 가족/공동체에게 큰 힘이 된다. 하나의 성적 지향을 어렵게 받아들인 어머니는 중간에서 부단히 노력한 언니와 함께 성소수자 부모 모임에 나오기도 하셨고, 하나와 이경을 있는 그대로 안아주셨다. 이경이 엄청 신경 쓴 만큼 참 좋았던 그때의 기억을 떠올렸다.

이경 부모 모임 끝나고 넷이서 술을 마시러 갔어요. 하나 어머님은 정말 좋은 분이세요. 지난번 문재인 당시 대선 후보가 성평등 정책을 발표하던 포럼에서 제가 소리치는 영상을 보시고는 너무 멋있다고 하셨대요.[*] 또 차별금지법 제정 촉구 기자회견 때는 발언하시기 위해 서울에도 올라오셨는데, 전날 저에게 발언문을 첨삭해달라고 보내셔서 문맥만 살짝 다듬은 후 고이 출력해 안겨드렸죠. 하나에게는 늘 네가 용기 있고 훌륭한 사람이라고, 그리고 어머니가 진짜 좋으신 분이라고 얘기해요. 저는 좀 회피하는 성향이고 저희 엄마가 이런 얘기 하는 걸 너무 싫어하니까 서로 다가가지 못하는 상태인데, 좀 떨어져 지내면 뭔가 거리를 두고 얘기할 수 있지 않을까 하는 고민이 하나네

---

[*] 당시 이경의 외침을 담은 현장 영상은 https://youtu.be/fV5jfZSE3OA에서 볼 수 있다.

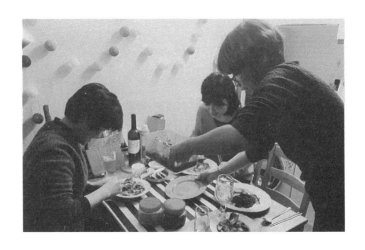

가족을 보면서 듣기도 했죠. 하나네 가족이 또 너무 잘해주니까 나도 용기 내서 다시 한번 해볼까 하는 생각도 하고요.

사랑하는 사람의 가족이 자신의 존재를 오롯이 인정해준다면 참 고맙고 소중한 감정이 들 것이다. 자신들의 만남에 떳떳하고 누구에게도 비난받지 않으며 유대 관계가 확실해지는 경험을 하게 된다면 자연스럽게 세상을 향한 마음이 열릴 것이다. 그리고 그것이 커밍아웃의 힘이고, 새로운 가족의 탄생임을 믿어 의심치 않는다. 언젠가 이경의 가족도 하나와의 관계를 알고 마음이 활짝 열리는 날이 오기를, 그래서 이경의 고민이 자연스럽게 해결되기를 기대해본다.

존재도 관계도 반으로 자를 수 없듯이

이미 오래전부터 누구보다 먼저 나서 성소수자 인권을 위해 활동해온 이경이지만, 가장 유력한 대선 후보 앞에서 성소수자의 존재를 알린 사건은 특히 많은 이의 가슴을 뛰게 했다. 자신을 페미니스트라고 하면서도 성소수자를 비롯한 다양한 사회적 소수자들에 대한 차별을 막기 위해 필요한 차별금지법 제정에는 반대의 뜻을 표명한 사람에게 또렷한 목소리로 울분을 터뜨린 이경의 당시 심경은 어땠을까?

이경 저는 그때 좀 정신이 없었는데, 그 광경을 영상으로 본 사람들이 더 충격을 받은 것 같더라고요. 그리고 사실은 고민을 좀 더 했으면 아마 못 했을 것 같은데, 그날 얼떨결에 끌려가서 하게 된 거예요. (웃음) 처음에 저는 민주노총 소속 연대 단위로 기자회견을 하고 가려고 했는데 어쩌다 보니 이쪽 사람들이랑 같이 밥 먹다 동료 활동가가 "네가 그것만 하고 가. 소리 지르는 건 네가 잘하니까 이건 네가 해야 해"라고 해서 처음엔 좀 당황했죠. 거기 가서 '어떻게 해야 하지' 하면서 엄청 긴장했어요. 목은 바짝바짝 타고 도대체 나는 여기 왜 왔을까 하는 생각이었는데 20초만 뭐라고 지껄이면 되니까 견디자는 마음으로 있었고, 한편으로는 무례해 보일까 봐 걱정도 되고 이게 지지받을 수 있는 일일까 확신이 없었죠. 그 뒤에는 며칠 동안 댓글이나 반응들 보면서 곱씹기도 했고요.

같은 공동체 안에서도 생각이 다양해서 그토록 거칠게 항의하는 방식으로 성소수자 인권 운동을 전개하는 데 부담이나 반감을 느끼는 일원들도 있기에 고민과 갈등을 겪었다는 이야기에 위로와 공감을 보낼 수밖에 없었다. 그럼에도 다수의 침묵과 그 다수 내의 혐오 속에서 움츠러들 수밖에 없는 성소수자의 존재를 누군가는 그렇게 알려야 했기에 그의 말과 행동이 뭇사람들에게 깊은 울림을 준 것이 아닐까.

하나 그날 이경은 당직이어서 집에 안 들어왔어요. 그래서 혼자 그 안에서 생각이 참 많겠구나 하는 걱정이 좀 들었는데, 실은 그 영상을 보자마자 느낌이 팍 왔죠. 이건 역사적인 일이고 진짜 필요한 일이라는 것. 이게 너무 아름다운 거예요. 왜냐면 거기서 사람들이 "나중에!"를 외치는데, 그거야말로 우리가 겪고 있는 힘든 현실을 함축적으로 보여준 거잖아요. 그런 생각이 들어서 "그래! 잘했어!"라고 외쳤어요. 항상 느껴왔던 점을 그 영상에서 다 보여주니까 참 좋았어요.

이경 당직이라 회사에 있었는데 그날 잠이 너무 안 오더라고요. 뭔가 해냈다는 뿌듯함보다는 마음이 무겁고 기분이 안 좋았던 거죠. 설명하기 힘든 복잡한 심경과 무례함 여부를 논쟁하는 분위기 때문에 좀 힘들었어요.

사람들 입에 오르내리는 걸 원치 않는 성격이라 이경의 힘듦은 오래갔지만, 곁에서 잘했다며 응원해주고 마음을 다독여준 하나가 있었기에 그날의 외침은 역사에 깊이 새겨졌다. 어디 그뿐이랴. 2014년 12월 서울시민인권헌장 제정을 위한 무지개농성이 있기 전 서울시청에서 항의할 때도, 2015년 10월 대한문에서 여성가족부의 성소수자 차별에 분노하는 여성 성소수자 궐기대회가 열렸을 때도 그녀는 그 자리에 있었다. 우리나라 성소수자 인권 운동의 중요한 순간마다 이경이 있었고, 그 어려움을 헤치고 뚜벅뚜벅 걸어왔다.

심지어 공영방송 KBS의 조우석 이사는 2015년 10월 '동성애·동성혼 문제, 어떻게 봐야 하나' 토론회 당시 활동가들의 실명을 언급하며 '더러운 좌파'라는 비난을 서슴지 않기도 했다. 그 가운데에는 이경도 있었다. 이경은 문제의 본질을 꿰뚫어 보았다. 동성애 혐오가 팽배해진 상황이라면 자신의 목소리를 내지 못하는 성소수자가 더 많이 생길 수밖에 없기 때문에 강력히 대응해야 한다는 것이었다.

이경 저는 남들이 말해줘서 알았어요. 주변에서는 어떻게 해야 한다고 추진 계획을 내기도 했는데, 한편으로는 이런 문제로 도마 위에 오

:: KBS 조우석 이사의 혐오 발언 후 긴급 토론회에 참가한 이경 (사진: 미디어스)

르는 게 별로 기분 좋지 않았고, 날 언제 봤다고, 나에 대해 뭘 안다고 '얘는 이런 애다'라는 프레임을 들고 나온 건지… 좀 싫었어요. 그리고 그가 한 얘기를 보면 왜곡된 것도 있고, "더러운 좌파, 더러운 커넥션"이라니 우리는 각종 소수자 중에서도 가장 더러운 부류로 여겨지고 있다는 생각에 씁쓸했죠.

노동 운동과 인권 운동이 만났을 때

결국 성소수자 인권 운동이 왜 노동 운동과 함께해야 하는지, 노동 운동이 왜 성소수자 인권 운동을 외면하면 안 되는지 다시 한번 깨닫게 된 기회였다는 이경에게 민주노총 대외협력국장으로서의 경험에 대해서도 들어보았다. (항간에는 그녀가 '노동자풍' 레즈비언을 좋아해서 노동조합에서 일한다는 소문도 있다.)

> 이경 2년 반 가까이 대외협력국장을 맡고 있는데, 굉장히 많은 사람을 만났어요. 민주노총 하면 뭔가 경직돼 있고 무거운 조직인 건 분명 맞는데, 그럼에도 변화를 빠르게 받아들이는 구석도 있어요. 한번은 세월호 활동을 하다가 만난 동지가 "남자친구 있어요?"라길래 "남자친구는 없고 여자친구는 있는데요"라고 했더니 "여자는 친구고, 남자는 소개해주겠다"라고 했다가 자기 단체에서 한소리 들었대요. (웃음) 사실 제가 '노동자풍' 레즈비언을 좋아해서 노동조합에서 일하는 것도 맞긴 한데, 기본적으로 땀 흘려 일하는 사람들이 존중받는 것에 대한 강한 열망이 있어요.

얼핏 가부장적이고 여성에 대한 차별이 만연할 것 같은 남성 중심 조직에서 그래도 이경이 본인의 정체성을 드러내고 활동한 덕분에 많은 변화를 이끌어냈다. 2004년 9월 민주노동당 성소수자 준비위원회 발족에도 참여하고, 2015년 7월 민주노총 내규 개정 때 가족수당 대상에 '사실혼 관계에 있는 배우자(동성 포함)'를 포함시키는 등 노동자이자 여성 성소수자로서 이경의 노력은 끊임이 없었다.

<u>이경</u> 2004년 발족 당시 있었던 일은 잘 기억나지 않는데, 우리나라 최초의 정당 위원회라는 의미가 있었죠. 그때는 오히려 지금보다 더 열려 있는 느낌이었어요. 당원들 몇백 명을 대상으로 성소수자 인권 교육을 몇 번씩 계속하니까 달라지는 게 눈이 보였죠. 그런 성과가 지금까지 잘 이어지지 않은 건 좀 안타까워요.

내규의 가족수당 부분은 바꿔야겠다고 먼저 제안해서 회의에 상정됐는데, '동성까지 포함한다'라는 말이 적절한가 아니면 '이성만 해당한다'라는 말을 없애는 게 좋은가를 두고 엄청 토론했대요. 지금 우리 사회에서는 그 말을 명시하지 않는다면 차별 구조상 이성만 해당한다고 생각할 수 있기 때문에 결국 '동성 포함' 문구를 넣기로 결론이 났죠.

그 후 사실혼 관계에 있는 커플들이 가족수당을 많이 신청한 결과만 놓고 봐도 "성소수자에게 좋은 것은 모두에게 좋은 것이다"라는 말이 떠오른다. 또한 이경은 2016 퀴어문화축제에서 민주노총 사상 처음으로 공식적인 성소수자 참가단을 꾸리고 활동했는데, 이때 민주노총 로고를 무지개 색으로 바꾸기도 했다. 이는 성소수자 인권 운동과 노동 운동이 어떻게 조화를 이룰 수 있는지 잘 보여주는 대목이 아닐까.

한편 여성 노동자로서 하나가 겪은 일은 노동 현장에 아직 만연한 여성 차별을 절감할 수 있는 대목이다. 기술 쪽 일은 남성의 분야라는 인식 때문에 같은 노동자이기 이전에 여성성을 강조하는 분위기가 불편할 수밖에 없다.

> **하나** 지금은 전기자동차 만들고 A/S 나가는 일을 하고 있는데, 예전에 자동차 정비 현장에서 일할 때는 "하이힐 신고 일해라. 그래야 우리가 보는 재미가 있지" 따위의 얘기를 좀 들었죠. 소위 미인계를 써서 하라는 말을 아무렇지 않게 하는 분위기였어요. 알고 보면 좋은 동료들이어서 화를 내기보다는 "그럼 당신은 구두 신고 일할 거냐"라는 식으로 대꾸했어요. 한편 손님들 중에는 더 잘하는 남자 정비기사를 데려오라고 하거나 쓸데없이 말을 건다거나 하며 쉽게 보는 경향이 있었던 것 같아요.

여전히 노동 현장 한편에서는 여성 혐오가 존재하고, 다른 한편에서는 여성의 능력에 기대어 이윤을 챙기려는 모습이 낯설지

:: 2016 퀴어문화축제에서 민주노총 성소수자 참가단의 모습

않은 게 한국 사회의 민낯이다. 그렇기에 다 함께 이러한 현실을 타파하려는 노력이 여전히 필요하다. 물론 그 노력은 성별과 직급을 떠나 모두의 몫이다.

이경 예전 위원장한테 들은 건데, 성소수자와 관련해서 무언가를 할 때 제일 쉬운 건 조직의 규약을 바꾸는 거라고 하더라고요. 형식미가 있으니까. (웃음) 그리고 교육도 가능하긴 한데, 가장 어려운 건 홍보라는 거예요. '우리는 성소수자와 함께하고 있습니다'라는 메시지를 각급 조직에 보내면 항의 전화가 빗발쳐요. 이게 지금 현재 상황이에요. 40대 남성 조합원이 가장 많은데 그분들 의식이 쉽게 바뀔지 의문이라는 거죠.

예전에 어떤 분에게 들은 이야기인데, 사람들한테 영화 〈종로의 기적〉 보러 가자고 했더니 누군가가 "게이들끼리 섹스하는 거 보기 싫다"라고 해서 뭔 소리냐며 억지로 끌고 갔대요. 근데 엔딩 크레디트 올라갈 때 보니 그 사람이 울고 있더래요. (웃음) 그런 걸 보면 저는 바뀔 수 있다고 생각하는데, 그 기회의 면적이 너무나 작아요.

하나 노동 운동과 성소수자 인권 운동은 정말 중요한 운동이에요. 이게 따로 떼서 볼 수 없는 게, 사람이 노동을 하고 살아야 하는데 그 안에서의 성소수자 문제, 여성 문제를 반으로 자를 수 없잖아요. (웃음) 그렇기에 성소수자의 노동권이라는 게 정말 중요한 이슈고, 이 이슈를 어떻게 좀 더 크게 부각해 나갈지가 중요하죠. 그리고 실제로 나 자신이 일하면서 문제를 엄청 많이 겪는데, 같이 의논하고 이야기할 수 있는 사람이 곁에 있어서 너무 좋아요.

이경 (유성기업의 직장 폐쇄 및 노조 탄압에 맞서 투쟁하다 죽은) 한광호 열사 추모 문화제를 어제 했어요. 노동 운동 열심히 하려고 했던 한 명의 노동자가 죽고 353일 만에 하늘나라로 가기까지 있었던 사계절의 투쟁을 돌아보다가 눈물이 났어요. 쌍용자동차 때도 그렇고 노동자들의 죽음을 보면 성소수자들이 생각나요. 노동자들이 괴롭힘당하고, 삶에서 밀려나고, 낭떠러지까지 가는 상황에서 죽음을 택하는 걸 많이 봤는데, 성소수자 인권 운동을 해온 저 같은 사람에게는 그에 대한 공감대가 있는 거죠. 그래서 그 공감대가 확산될 수 있다고 생각해요.

:: 각자 노동 현장에서 일하는 모습. 플래카드를 설치 중인 이경, 현장근무복을 입은 하나

새로운 가족은 현재진행형

이렇게 현실에서의 삶은 녹록지 않지만, 함께 꾸는 꿈은 현실이 될 것이라는 믿음으로 많은 이들이 하루하루를 살아간다. 두 사람은 어떤 미래를 꿈꾸고 있을까?

하나 세계 일주요. 1년 동안 모든 걸 탕진하고 오겠다는 꿈이죠. (웃음) 옛날에는 레즈비언으로 혼자 산다고 생각하면 '쪽방촌에서 고독사' 이런 것만 떠올랐어요. 너무 막연한 두려움이었는데 지금은 하나도 안 무서워요. 잘 살 수 있을 거라는 생각이 들어요.

이경 5년 뒤 같이 인생에 길이 남을 여행을 가자고 했어요. 둘 다 여행을 좋아하고 여행 가면 너무 잘 맞는 좋은 여행 친구니까 5년 뒤에 집세 빼서 모든 걸 다 털고 다시 시작할 생각이에요. 사실 미래에 엄청난 계획이 있는 건 아니에요. 저는 하나랑 여섯 살 차이라 '이변이 없다면 내가 먼저 가겠지'라고 생각해서 별로 걱정 안 하는데, 어쨌든 저는 한 번 떠나보내 봤거든요. 상실이 어떤 건지 알고 다시 겪고 싶지는 않은데, 한편으로는 '내가 이런 생각까지 하다니 미래를 아주 길게 보고 있구나' 하는 생각도 들어요. 언젠가 누군가를 잃게 될 때는 어떨까 하는 생각도 해봐요. 그땐 이미 많이 늙었을 테니까 그런가 보다 하고 살겠죠? (웃음)

두 사람 곁에는 이제 든든한 동반자가 있기에 이민이든 입양이든 언제나 함께라면 불가능은 없을 것만 같다. 그래서 두 사람은 구체적으로 몇 가지 고민을 시작했다고 한다. '재산을 많이 축적하기 위해 현재의 무언가를 버리거나 기부를 줄이지 말자'라는 규칙도 만들고, 집을 고를 때 '담배 피울 베란다만 있으면 된다'(이경)와 '화장실이 꼭 두 개였으면 좋겠다'(하나)는 기준도 세워놨다고 한다.

> **이경** 동성애자들이 인정받고 권리도 존중받는 나라로 가서 살면 어떨까 하고 하나가 얘기를 꺼냈는데, 저는 단 한 번도 외국 갈 생각은 안 해봤고 내 나라 내 땅이 좋다고 했어요. 근데 요즘은 이런 생각이 들어요. 어차피 인생 한 번 사는 건데, 그런 사회는 어떤 사회일까. 그래서 다양한 생각도 해보고 구체적으로 이런저런 얘기를 해보니까 재밌더라고요. 예전에는 나이도 더 젊었고 그래서 그런지 미래가 엄청 추상적이었는데, 지금은 하나 덕분에 굉장히 삶이 안정적이고 정착한 기분이 들어요.

떠나보낸 사람만이 상실의 아픔을 안다는데, 예전 파트너를 병으로 떠나보낸 이경의 마음이 이제는 잘 아문 듯하다. 물론 한때는 '나하고 있으면 다 불행해지나'라는 이상한 생각마저 했을 정도로 그 과정이 순탄치는 않았지만, 밝고 긍정적인 에너지가 있는 사람을 만난 덕분에 불투명한 미래가 환해지고 안심이 된다는 이야기가 무척 반갑게 들렸다.

하나 결혼식도 하고 싶고, 외국에서 아기를 입양해 키우고 싶기도 해요. 아이를 키워보는 게 사회에도 좋은 것 같고요. 정말 좋은 경험이 되지 않을까 싶어요.

이경 세계 여행을 떠날 무렵에는 우리가 사귄 지 10년쯤 돼요. 그래서 그때까지 저도 가족과의 관계를 잘 정리하고, 결혼식은 축의금을 받지 않는 거로…

하나 응? 이건 아직 합의 안 된 거니까 축의금 안 받는다는 이경이 말은 빼주세요. (웃음)

이경 이건 결혼하기 전까지 합의할 거예요. (웃음) 어쨌든 결혼은 싫다고 얘기했는데, 하나가 요즘 계속 저한테 "우리 결혼한 거야? 한 거지?"라고 물어봐서 "한 거로 치자"라고 얘기해요. (웃음) 아직 운동권 정서가 있는지 결혼에 관해서 우리는 뭔가 달라야 한다는 생각은 있는데, 어쨌든 우리는 이제 가족이 되어가고 있다고 느껴요. 지금까지는 꽤 성공적인 듯하고요. 최근에는 낭만적인 결혼을 꿈꾸면 왜 안 되나 하는 생각도 들고, 드레스 입고 하는 결혼식은 아니더라도 한 번쯤은 사람들과 인생을 정산하는 자리를 갖고 싶어요. 뭔가 축하를 받고

싶다기보다는 좋은 사람들과 함께 우리가 이렇게 살아왔다는 걸 보여주자고 약속했어요.

여전히 현재진행형인 이경과 하나 가족과의 대화는 시종 푸근하고 유쾌했다. 그들의 앞날에 언제나 건강과 행복이 함께하길 두 손 모아 빌며, 끝으로 각자가 생각하는 가족의 의미를 한마디로 정의해달라고 부탁했다.

이경 항상 집에 가면 내 편이 있다는 것? 그게 정말 마음을 따뜻하게 해요. 어제 하나가 술 먹느라 연락이 안 됐을 때도 '집에 가면 하나가 있겠지' 하고 생각했어요. (웃음)

하나 질문이 너무 어렵네요. (웃음) 가족이란 뭐, 그냥 사는 거죠.

8

마음 가는 대로
오늘을 함께하는 두 사람

| 게 이   커 플 |
'경태와 범석' 이야기

단잠을 자고 일어나니 그가 이미 모닝커피를 끓이고 있다. 토스트와 잘 어울리는 그윽한 커피 맛이 정신을 깨운다. 아침을 먹으며 오늘의 일정을 공유한다. 점심때는 으레 밥은 챙겨 먹었는지 메시지를 주고받는다. 저녁 즈음에는 몇 시쯤 각자 집에 들어가는지 확인한다. 둘 다 별다른 약속이 없는 날이면 누가 먼저 말하지도 않았는데 식탁에는 술상이 차려진다. 식사용인지 안주용인지 모를 음식을 그가 뚝딱 만들어 내놓으면, 나는 뭇 반찬과 소박한 술잔을 차린다. 반주 한 잔에 이야기 하나, 그렇게 같이 먹고 같이 자는 게 반복되는 나날들.

최근 동거를 시작하고 나서 특별할 것 없지만 하나하나 소중하게 기억될 하루하루를 보내고 있다. 권태로움에 대한 우려도, 못 보던 모습을 발견하고 실망할 것 같다던 걱정도 그저 기우였다. 이렇게 그와 내가 알게 모르게 마음을 나눈다는 것이야말로 우리가 자연스럽게 가족이 되어가고 있다는 증표가 아닐까.

이번에 만난 경태와 범석 커플도 그랬다. 지지고 볶는 사이 어느덧 13년의 세월을 엮어낸 힘이 인터뷰 중간중간 배어나와 거침없는 한 편의 커플 연대기가 펼쳐졌다. 요즘은 커뮤니티 활동이 뜸

하지만 오랜 경험으로 잔뼈가 굵은 경태, 그리고 다양한 꿈을 직접 실천에 옮기면서 하루하루에 만족하는 범석을 그들의 집, 스위트 홈에서 만났다.

영화처럼 맺어진 인연

경태 지금 논문 마무리 중이라 형이랑 같이 뭘 계획해서 놀 틈이 없어요. 이번 여름에 졸업하거든요. 거기에 집중하고 있죠.

범석 큰 스케줄은 어쨌든 얘 대학원 일이 다 마무리돼야 잡을 수 있을 것 같아요. 그때쯤 전 일 그만둬야 하겠네요. 요즘 일하기가 싫어서⋯ 자칭 프리터freeter죠. (웃음) 원래도 계획 잡아서 같이 뭘 하진 않아요.

일단 가볍게 근황 이야기로 인터뷰를 시작했는데, 더없이 평안하게 느껴지는 답변이 두 사람의 오랜 관계를 말해주는 듯했다. 매년 여름이면 범석의 친구가 있는 부산으로 꼭 여행을 가고, 일주일에 두 번은 의무적으로 술을 마시며 밤을 새운다는 둘만의 습관이 그래서 더 정감이 갔다. 그렇다면 두 사람의 첫 만남은 어땠을까?

범석 2005년부터 만났는데, 처음엔 뭐 번개였죠. 스마트폰이 없을 때라 '이반시티 파워데이팅'으로. 그냥 편한 차림으로 신림에서 택시비

2만 원 주고 집 근처까지 찾아갔어요. 하룻밤 인연이었을 두 사람인데 대화하다 보니까 둘 다 구미 출신이고 중학교 선후배 사이였던 것까지 알게 돼서, 제가 운명을 별로 안 믿는데도 참 재밌었어요. 심지어 저는 구미에서 애네 동생들이랑 부모님도 다 봤으니 말 다 했죠. (웃음) 사실 혼자 영화 보러 가는 걸 좋아했는데, 대중적 장르가 아니라 얘기할 사람이 없었거든요. 애랑은 그게 통해서 바로 불같이 연애했죠.

경태 데이트하면 영화를 많이 봤어요. 제가 영화 쪽 전공이기도 하고

:: 두 사람이 같이 본 영화 중 기억에 남는 영화를 이야기해달라고 하니 범석은 〈그녀에게〉를, 경태는 〈브로크백 마운틴〉을 떠올렸다.

형도 영화를 좋아해서요. 처음 만났을 때도 영화 얘기를 엄청 많이 했어요. 그것도 남들 안 볼 것 같은 독립 영화나 고전 영화를 많이 알아서 서로 통했죠. 영화가 저희를 연결해준 통로 중 하나였어요. 형은 대학로에서 연극하다가 그만두고 바텐더 일을 했는데, 예술 쪽 일을 해서 그런지 아무래도 관심이 많더라고요.

그러다 보니 사귀자마자 동거도 하고 서로의 삶의 영역에 자연스레 스며들었다는 두 사람. 더 나아가 남들이 잘 모르는 영화들을 둘이서만 공유한다는 느낌으로 연애했다니, 두말이 필요 없는 사이로 꿈같은 시간을 보냈으리라.

그렇게 세월이 흘러 어느덧 13년 차가 된 커플에게 장수의 비결을 물어보려던 찰나, 뜻밖에도 두 사람은 이별했던 사연을 먼저 풀어내는 반전을 보였다.

경태 2009년쯤에 1년 정도 헤어졌어요. 환경영화제 할 무렵 헤어졌다가 여성영화제 할 때쯤 다시 만났죠. (웃음) 그때 헤어지도록 도움(?)을 준 게 동인련(현 행성인)이었는데, 오해 탓에 사람들이 제 핸드폰 뺏으면서 헤어져야 한다고 그랬거든요. 아무튼 저는 경제적인 문제가 컸는데, 형은 저한테 좀 질렸다고 하니까 헤어진 이유가 다르긴 해요.

그 뒤로 이어진 (폭로전을 방불케 하는) 이별 이야기를 구구절절실을까 하다가 다분히 사적인 부분을 들춰내기보다는 두 사람이 지지고 볶는 과정 자체에 좀 더 귀를 기울여봤다.

> **범석** 애는 집착이라고 하는데, 제가 보기엔 사랑관이 좀 달랐던 것 같아요. 처음 만났을 때 경태한테 아직 정리가 덜 된 애인이 있더라고요. 소위 애인 없이 못 사는 친구였죠. 어쨌든 정리했다고는 하는데 이전 애인이랑 관계는 계속 유지하는 거예요. 그게 계속 눈에 띄니까 좀 의심이 가고 이해하기 힘든 부분이 있었어요. 저는 헤어지면 끝인 거지 형·동생 사이로 지내는 건 좀 아닌 것 같았죠.

이처럼 서로가 생각하는 이별 사유도 다르고 주변 지지층도 다르지만, 어찌 됐든 비 온 뒤 땅이 굳는다는 말처럼 재결합 후 더욱 가까워진 두 사람의 이야기는 영화의 서막에 불과했다.

다르면 다른 대로 맞춰가는 관계

경태가 활동한 커뮤니티에서 돌던 이상한 소문까지 잘 견뎌내고 다시 경태 곁으로 돌아온 범석. 만나자마자 소문의 발상지인 커뮤니티를 같이 욕했으면서도 그해 퀴어문화축제 때 그 단체의 부스에서 칵테일을 만들어줬다는 범석에게서 엉뚱한 매력이 느껴진다.

범석 지금은 커뮤니티 사람들과 나름 친하긴 해도 커뮤니티에서 활동하지는 않아요. 좀 늦게 데뷔했는데, 데뷔하기 전 일반 칵테일바에서 일할 때는 어쩌다가 남자 단골이 많았어요. 밖에서 만나기도 했는데 그러다 보면 가끔 '썸씽'도 생겼더랬죠. 사실 그때는 그걸로도 충분하다고 생각했어요. 퀴어문화축제 때 칵테일 만든 것도 평소에 할 기회가 없으니까 좋아서 한 거예요. 그때 결국 다 팔았죠. (웃음)

반면 경태는 일찍 커뮤니티에 발을 붙여 상근 활동까지 했다.

경태 처음엔 라이코스(예전 포털 사이트) 이반 모임 '우사반(우정사랑이반)'에 나가서 단체 번개도 경험했어요. 그러다 홍석천 씨 커밍아웃 뉴스를 보고는 도와줘야겠다는 마음에 달려갔죠. 처음 한 게 숭실대에서 전단지를 배포하는 일이었는데, 자연스러운 커밍아웃이었어요. 군 복무 전후에 동인련에서 상근 활동도 했고요.

주위에서 한 번쯤 봤을 법한 '공식 연애 경험은 없는 게이'와 '애인 없이 못 사는 게이'의 만남이 이렇게 오랜 인연으로 이어지기까지는 당사자들의 의지와 노력이 중요했을 테다. 그렇다면 두 사람이 재결합한 계기는 무엇이었을까?

경태 그 후 저는 바로 다른 사람을 만났는데, 제가 범석 형에게서 느꼈던 부족한 부분을 이번엔 그 사람이 제게서 느낀 거예요. 결국 차였고, 형이 바로 생각나서 제가 먼저 전화했죠. 말없이 다시 와줘서 고마웠어요. 생각해보면 경제적인 부분만 빼고는 인생관을 비롯해 여러 가지가 제일 잘 맞는 관계였던 거죠. 그리고 사실 저희가 헤어진 상황이었지만 연락은 계속 하고 있었으니 뭐… 헤어지고 얼마 안 됐을 때는 술 먹고 형이랑 통화하면서 종로 길바닥에서 막 울고 그랬죠. (웃음)

범석 당시 누나가 운영하는 식당에서 일했는데, 가끔 애가 좋아하는 반찬이 나오면 생각이 나서 술김에 전화하고 그랬죠. 어쨌든 몇 달 지나니까 저도 슬슬 정리가 돼서 마지막이라 생각하고 이메일을 보냈는데, 의도와는 다르게(?) 애가 다시 연락해서 만나게 됐죠. 그 후 대화를 많이 했는데, 경태의 '오픈 릴레이션십open relationship' 같은 개념을 내가 좀 더 이해하려고 노력은 하겠다고도 했어요.

곁에 있을 때는 몰랐는데 없으니 알게 된다는 말을 절감하며 다시 만난 두 사람은 한 뼘 더 성장해 있었다. 경태는 범석의 진솔한 마음을 알게 되고, 범석도 좀 더 열린 마음으로 경태의 마음을 들어준 것이다. 그런데 이쯤에서 그냥 해피엔딩으로 끝내기엔 아쉬웠던 걸까?

경태 그리고 나서 1년 뒤에 형이 다시 헤어지자고 했어요. 그래서 저도 쿨하게 알겠다고 했는데, 그냥 잠깐 지나가는 바람이었던 거라 정식으로 헤어진 것도 아니에요. 마지막으로 형이 고기 사주던 게 기억나네요. (웃음)

신기하게도 알면 알수록 두 사람은 공통점보다 차이점이 더 두드러져 보인다. 심지어 대화할 때도 한 사람은 감정에 충실하게 얘기하는 걸 좋아하고, 다른 한 사람은 토를 달며 논리적으로 따지는 걸 즐긴다고 하니 서로 의사소통이 될까 싶다. 그런데도 뭔가 부족하다고 생각하는 순간 자석처럼 서로 이끌리는 관계라는 게 신기할 따름이다. 하긴 사람은 자신과 비슷하면서도 다른 매력을 지닌 사람에게 끌린다고 하지 않던가.

돌고 돌아 구관이 명관임을 몸소 증명하며 서로 맞춰가는 방법을 배우게 된 커플. 부부싸움 후 한쪽은 어색한 분위기를 못 견뎌 별일 없었다는 듯 나오고, 또 한쪽은 정리할 시간이 필요하다는 차이가 있음에도 지금껏 잘 지내는 걸 보면, 역시 싸우는 것보다 화해하는 게 더 중요한가 보다. 서로 수면 패턴이 달라 잠도 따로 잔다는데, 그것 또한 이 커플이 사랑하는 방식이리라.

경태 형이 의외로 잔소리가 좀 심해요. "너는 공부하는 머리밖에 없냐"고 그러고. (웃음) 행주로 어디 닦는 것부터 외출할 때 시간 맞추는

것까지 서로 참 달라요. 저도 다른 사람이랑 비교하면 빠른 편이긴 하거든요. 그래도 형이 워낙 빨리 뭘 하는 편이라 저도 어느새 그렇게 되더라고요. 같이 살다 보니까 성격도 닮게 됐어요.

범석 서로 싸울 때도 솔직하게 털어놓고 감정에도 충실한 편이에요. 그래서 가끔은 물건도 던지고 하는데, 지는 그래도 버릴 물건 던지는 반면 애는 언젠가 멀쩡한 선풍기를 던져서 못 쓰게 만든 적도 있어요. (웃음)

함께 살다 보면 마주하는 것들

같이 살다 보면 좋든 싫든 서로의 다양한 모습을 마주하게 된다.

몸에 밴 습관부터 가사 분담, 경제생활, 취미 활동, 거기에 원가족과의 관계 등이 얽히고설켜 함께 새로운 가족의 이미지를 만들어 나가는 것이다. 두 사람 또한 그 과정을 오랫동안 겪어왔고 또 겪고 있다. 이처럼 현재진행형인 '가족의 탄생'의 좀 더 내밀한 이야기를 들어보았다.

> **범석** 이 친구가 나름 시간을 쪼개서 여러 일을 하고 있는데, 보기에는 여유로워 보이는 데다가 카페에서 일하니까 어디든 가까이에 있을 수 있어서 그게 좋아요. 제 직장 근처로 와서 일할 수도 있고. 그래서 함께 있는 시간이 참 많고, 밥도 최소 하루 한두 끼는 같이 먹어요. 출퇴근 외의 시간에는 서로 거의 붙어 있고요.

집에서 보는 얼굴 밖에서도 계속 보는 게 좋지만은 않을 법도 한데, 소소한 일상을 공유하면서 '같이 밥 먹는 즐거움'을 만끽하고 있는 이 커플을 보니 부러움이 밀려온다. 가사 분담 또한 본인이 잘하거나 원하는 걸 하면서 이뤄 나가는 게 동성 커플의 묘미이기도 하다.

> **경태** 형이 요리를 잘해서 주로 요리를 하고, 저는 설거지를 하는 식이죠. 청소, 빨래도 제가 하고요. 생활비는 제가 관리하고 공과금은 반씩 부담해요. 주로 저희는 먹는 데 돈을 쓰는 것 같아요.

그러나 현실은 미혼 남성을 가만 내버려 두지 않는다. 30대 후반과 40대 초반을 맞이한 둘도 예외는 아니다. 비혼이나 만혼이 유행이라지만 내 자식만은 평범한 길을 갔으면 하는 게 부모 마음이고, 그래도 평생 한 번쯤은 결혼해서 애도 낳고 아빠 노릇 하는 게 정상이라고 생각하는 사람들이 주변에 널렸다. 경태 어머니만 해도 아들이 (친한 형이라고만 알고 있는) 범석과 사는 게 못마땅해서 경태에게 "돈 벌면 나가서 너 혼자 살아라"라고 말씀하신다고 한다.

경태 엄마가 요즘 〈미운 우리 새끼〉 같은 프로그램 보시면서 그냥 차라리 혼자 살라고 말씀하세요. 눈치가 빠르신 분이라 제 성 정체성, 성적 지향을 눈치채신 것 같은데, 혼자 살면 성 정체성 같은 걸 알기 힘든데 남자랑 살면 보이니까 그게 싫으신 거죠. 한번은 엄마 몰래 이사했다가 남자랑 같이 사는 걸 아시고는 분노하셨어요. (웃음) 그래서 부리나케 본가에 내려갔는데 벽에 걸려 있던 제 사진이 다 없어졌더라고요. 거기에다 대신 손자 사진을 걸어놓으신 거죠. 저랑 거리를 둔다는 느낌이랄까? 저에 대한 애착이 제일 강했던 분이시거든요. 남동생은 양아치 같아서 마음대로 못 했으니까 제가 딸 노릇을 했던 거죠. 동생은 그래도 저에 대해 알고 있어서 지지해주고 한번 애인이랑 같이 오라고 하더라고요. 부모님께는 절대 얘기하지 말라고 했고요.

그 사건 이후로 한 달에 한 번씩은 꼭 집에 내려가 부모님을 뵌다는 경태의 말을 들으면서, 비록 원가족이 원하는 바대로 살 수는 없지만 그럼에도 더불어 살려고 노력하는 모습이 멋져 보였다. 게다가 집에 가면 부모님과 동생 말을 다 들어주고 온다고 하니, 비록 박쥐 같은 존재일지라도 가족 구성원으로서의 책임을 다하려는 그의 노력이 엿보인다. 물론 여기에는 결혼하지 않는 것에 대한 부채감도 작용했을 것이다.

반면 범석은 일찍이 가족들에게 커밍아웃해서 좀 더 편한 관계를 유지하고 있단다. 무엇보다 원가족의 지지와 이해가 있기에 원하는 삶을 꾸려나갈 수 있지 않았을까.

범석 입이 간지러워서 웬만하면 다 얘기해요. 오픈을 안 하면 대화할 때 계속 감춰야 하잖아요. 애랑 사귀면서 말을 안 할 수 없는 순간이 몇 번 있었어요. 그래서 저는 굉장히 고민하고 긴장하면서 말했는데, 극적인 상황을 기대했던 것과는 달리 반응이 좀 시큰둥했어요. "그럴 줄 알았어"라고 하더라고요. 저는 사실 가족들한테 커밍아웃은 안 해도 좋을 것 같다고 얘기해요. 오히려 하고 나니까 좀 서먹해진 느낌이었거든요. 아, 막내 형도 아직 결혼을 안 해서 혹시나 하고 의심하고 있어요. (웃음)

공동체에 대한 고민 또한 성소수자로 살면서 빼놓을 수 없는 '핫 이슈'다. 커뮤니티가 주는 소속감과 안정감, 공동체 생활을 통

해 얻는 자긍심과 위로가 성소수자에게 든든한 버팀목이 되고 비빌 언덕이 되기 때문이다. 하지만 두 사람은 그렇기에 더 신중해진다고 한다. 경태는 영화 〈위켄즈〉를 두 번이나 보면서 공동체에 대한 로망을 키웠다.

> **경태** 사람만 보고는 공동체에서 버틸 수 없잖아요. 공동체가 추구하는 이상이나 지향점 같은 게 저와 맞아야 하는데, 쉽지 않더라고요. 사실 공동체에 속하지 않고 주변을 맴도는 성소수자들이 더 많잖아요. 요즘은 단지 성적 지향이 맞는 사람들보다는 직업적 환경이 유사한 사람들과 있는 게 더 편해요. 같이 돈 없고 같이 공부하고. (웃음) 또래 게이들은 다 직장 생활을 하고 있어서 저와 라이프스타일도 다르고 경제적인 차이도 있으니까요. 제가 공부하는 분야가 예술 쪽이라 대학원 면접 볼 때부터 커밍아웃했어요.

범석 저 같은 경우는 사람 많은 걸 별로 안 좋아해서요. 막상 나가면 좋은 사람도 많고 한데, 꾸준히 해야 하고 사람 많은 데서 마음을 맞추기가 쉽지 않은 것 같아요.

언제나 함께하는 '카르페 디엠'을 꿈꾸며

어느덧 창창한 시절을 함께하며 같이 나이 먹는 것이 자연스러워진 두 사람. 비슷해서, 비슷하지 않아서 알게 모르게 쌓인 '케미'와 연륜이 둘의 관계를 끈끈히 엮고 있다는 느낌이 든다. 이런 그들의 미래 계획 또한 궁금했는데, 역시 범상치 않았다.

범석 전 없어요. 노년을 위해서 적금을 붓는다든지 보험을 든다든지 하는 개념이 아직 없어요. 그냥 오늘 행복하면 돼요. 내일 걱정은 내일 하면 되는 거고.

경태 저도 그다지 없는데, 부모님이 오히려 더 걱정하세요. 공부하고 나서 돈을 벌어야 할 텐데 말이죠. 결혼도 안 했고 아이도 없어서 경제적 부담이 그리 크진 않아요. 게이이기 때문에 이렇게 살고 있지 않나, 아니었으면 다른 꿈을 꾸지 않았을까 하는 생각도 해요.

그저 현재 상황이 나쁘지 않다면 만족하고, 어렵지 않다면 거절하기보다는 신뢰하는 두 사람의 수더분함이 인터뷰 섭외부터 진행까지 뚝뚝 묻어났다. 덕분에 드러내서 활동하지는 않지만, 자신들의 삶과 관계만으로도 성소수자 가족으로서 풍성한 이야기를 들려주고 있는 이들에게 결혼과 입양 등 동거 너머의 실천에 대한 생각도 물어보았다.

> 범석 전 이성애자로 다시 태어난다 해도 결혼 같은 건 생각 없어요. 뭔가 그런 약속을 한다는 게 제게는 짐처럼 느껴져요. 애는 관심도 많고 하니까 존중하긴 해요. 언론에 그런 이슈가 나오면 서로 얘기도 하고요. 저는 그냥 개인이자 게이일 뿐이에요.

> 경태 저희가 결혼식 같은 의식을 별로 안 좋아하는 스타일이라서요. 형은 좀 개인적인 성향이라 제가 옆에서 그래도 밖으로 끌어내려는 상황이죠. 반려동물은 가끔 생각은 하는데 잘 못 키울 것 같아요. 형을 반려동물처럼 생각해서 그럴지도 모르죠. (웃음)

완벽주의 성향 때문에 스스로 스트레스 받는 걸 못 견디는 범석과, 그 스트레스를 받아주면서 '게이 커뮤니티의 폭탄을 안고 산다'고 푸념하지만 항상 곁에 있는 경태의 삶을 마주하면서 그래도 서로 밀고 당기며 부대끼기에 조화를 이루고 오래가는 게 아닌가 하는 확신이 들었다.

:: 두 사람이 함께 사는 공간
의 풍경

경태 법적 보호나 권리에 대한 필요성도 둘 다 아직 피부로는 못 느끼고 있어요. 그게 다 경제적인 부분인데 그런 것에 대한 관념이 없어서요. 아직 파고들지 않아서 잘 안 보이는 거겠죠.

범석 저는 아버지 돌아가시는 거 보고 나서 중병 걸리면 치료는 생각하지 말자고 친형들과 합의 봤어요. 성소수자 커플들의 어려움은 공감하지만 제 상황에 대입은 안 돼요.

경태 저랑은 아직 합의 안 됐어요. 처음 듣는 얘긴데. (웃음) 건강하길빌 뿐. 술, 담배가 문제죠.

게이 커플의 일상을 서로 주고받다 보니 어느덧 어스름이 깔리고 이제 둘만의 달콤한 주말 저녁을 위해 자리를 비워줄 시간이 되었다. 그래서 처음에 묻지 못했던 'LTRlong-term relationship의 비결'을 물었다.

경태 형이랑 힘겹게 헤어지고 나서 주변에 다 알렸는데, 결국 다시 합쳤으니 어찌 보면 뒤통수 친 거잖아요. (웃음) 그 뒤로는 누구한테 연애 상담 안 하겠다고 다짐했어요. 정말 둘 사이의 관계는 둘밖에 모르는 거라고 생각해요.

범석 해줄 수 있는 얘기는 딱 하나예요. 싸울 때 그냥 다 오픈해서 싸우라고. 저희는 그렇게 해요. 욕을 하며 풀든, 뭘 때려 부수든, 어떻게 결론이 나든 일단 터뜨려야 하는 게 맞는 듯해요. 전에 바에서 일하면서 본 커플 중에도 마냥 좋고 한 번도 안 싸운 애들 보면 결국 다 깨지더라고요. 두 사람 관계의 발전을 위해서, 그리고 무엇보다 개인의 정신건강을 위해서도 가끔 감정적인 폭발은 필요하다고 생각해요.

역시나 잘 싸우면서 잘 지내는, 단순하면서도 어려운 비법이 진리인가 보다. 커뮤니티와 연을 이어가며, 또 나름 지속적인 관심으로 이번 인터뷰에도 흔쾌히 응해준 두 사람에게 마지막으로 서로의 관계를 돌아볼 시간을 주었다.

경태 커뮤니티 내에서도 지속적으로 활동하며 연애하는 분들이 있잖아요. 그런 분들이 가끔은 부럽기도 해요. 성적인 이끌림 외에도 신념으로 묶일 수 있는 지점이 있으니까요. 그게 바람직한 건지는 모르겠지만, 공통의 목표가 있다는 게 어떤 건지 궁금하긴 해요. 저희는 그런 게 없으니까. 대학원 내에도 커플이 많은데, 서로의 라이프스타일을 잘 이해해준다는 장점은 있지만, 또 너무 많은 걸 공유한다는 점이 안 좋을 수도 있죠.

형은 정말 자유롭게 살았고 저는 정말 정해진 대로 일탈 없이 자라온 사람이니까 참 다르게 살았는데 인생관은 비슷하니 그게 신기하죠. 서로 싸우면서 맞춰간 게 아닐까 싶어요. 원가족에게는 상황에 따라 연기해야 하는데, 형한테는 그럴 필요 없으니까 세상에서 가장 편한 사람이죠.

변석 같은 직업군끼리 또는 어떤 목적을 가지고 만나서 사는 게 과연 좋을까요? 아무리 가족이고 커플이어도 나에 대해 너무 많이 알아버리는 건 별로예요. 게이라는 정체성도 제 인생의 일부일 뿐이라고 생각하기 때문일지도 모르죠.

그래도 이 친구랑은 가족이라는 느낌이 들어요. 알게 모르게 서로 자극이 됐나 봐요. 때로는 그게 어떤 이해의 척도가 될 때도 있어요. '아, 얘는 이렇게 살아왔기 때문에 이럴 수밖에 없구나' 하게 되는 거죠. 미우나 고우나 우린 서로 가족이라는 생각이에요. (웃음)

역대 가장 긴 인터뷰였지만 쉼 없이 달려온 걸 보면 참 유쾌한 시간이었다. "덕분에 힐링됐어요. 언제 같이 한잔해요"라는 범석의 작별 인사 또한 따뜻하고 고마웠다. 말하기도 벅찬 국가의 반인권적 행태와 끊임없이 성소수자의 존재를 지우려는 이들의 차별과 혐오 속에서도 다양한 존재들이 들고일어나 꿋꿋이 버티고 더 많은 사랑을 외치며 나아갔으면 좋겠다.

9

크리스천 퀴어,
사랑에 눈뜨다

| 퀴 어 커 플 |
| '무밍과 K' 이야기 |

시끌시끌했던 대선이 끝나고 새로운 대통령이 국정을 이끌고 있다. 촛불민심이 선택한 새로운 리더이기에 행보 하나하나가 더 주목받고 뉴스거리가 되고 있다. 그래도 정권 교체 후 무언가 해보려는 모습에 박수를 보내면서도 한편으로는 달갑지 않기도 하다. 선거 유세 과정에서 불거졌던 동성애 찬반 논란, 동성혼 반대 천명, 성소수자 활동가 연행 등이 아직도 저릿하게 다가오기 때문이다.

무수한 사람들로 이루어진 사회가 하루아침에 변하겠느냐마는 성소수자 이슈만큼 더디고 어려워 보이는 것도 없다. '2016년 국민 인권의식 조사'(국가인권위원회)에 따르면 여전히 국민의 절반은 성소수자의 권리에 부정적이거나 무관심한 것으로 나타났다. 이러다 인권 후진국으로 전락하는 건 아닌지 걱정될 정도다. 육군 참모총장의 군대 내 동성애자 색출 지시로 어느 대위가 구속된 사건을 접하면서 아직도 '이게 나라냐'라는 생각이 머리를 맴돈다.

이런 차별과 혐오에는 항상 보수 기독교의 손이 뻗쳐 있다는 사실은 이제 놀랍지도 않다. 문제의 장준규 육군참모총장은 한국기독군인연합회의 회장을 맡은 인물로 알려졌고, 한국기독교공공정책협의회 등은 이번 군대 내 동성애자 색출 사건에 지지 성명을

냈다. 과연 뭇 기독교는 영원한 성소수자의 무덤일까.

여기, 크리스천 퀴어로서 당당히 사랑을 나누는 커플이 있다. 그것도 사람 찾기 힘들고 성소수자 친화 교회 찾기는 더 어렵다는 비수도권 지방에 거주하는 두 사람. 바로 무밍과 K 커플이다.

잠재적 호모포비아에서 사랑꾼으로

간만에 미세먼지가 걷힌 맑은 하늘 아래 부푼 마음으로 기차에서 내리자 그들이 기다리고 있었다. 그런데 이 커플, 정말 많이 닮았다. 친자매라 해도 될 정도로. 서글서글한 인상에 동그란 안경, 뽀얀 피부가 인상적이었다.

> **K** 그런 소리 많이 들어요. 저도 처음엔 신기했죠. (웃음) 같이 살다 보니 더 닮게 되는 것 같아요. 대전 성소수자 인권 모임 '솔롱고스'에서 활동하고 있는 대학생 K예요.

> **무밍** 이하동문. (웃음) 아, 저는 대학 졸업하고 회사 다니다 어제 퇴사한 무밍입니다. 여덟 살 어린 K랑 같이 가족으로서 생활하고 있습니다.

첫 소개에서부터 나온 말이 '가족으로서'라니. 두 사람 관계의 깊이를 가늠할 수 있었다. 인터뷰 제안을 받았을 때 의미 있는 일

이라고 생각해 흔쾌히 동의했다는 말 또한 이 둘이 서로를 얼마나 신뢰하고 끈끈하게 생각하는지 엿볼 수 있는 대목이었다. 그래서 엄청 오랫동안 함께했을 줄 알았는데, 사귄 지 이제 600일이 넘었단다. 역시 연애에서 기간은 중요하지 않다는 사실을 실감하면서 지금까지의 시간이 어땠는지 살포시 물어보았다.

> K 뭔가 인간의 이중성을 적나라하게 봐온 시간들이었죠. (웃음) 교회에서 처음 만났어요. 당시 기독교를 엄청 싫어했는데, 영어도 공부하고 봉사도 할 수 있다는 말에 혹했던 거죠. 처음 전도당했을 때 뭔가 낚였다는 기분이 들어서 튀어야겠다고 생각했는데, 그러기엔 또 너무 잘해줘서 양심에 찔렸어요. 밥도 사주고 과제도 도와주고 하니 어떻게 나갈 수 있겠어요. 그렇게 6개월 정도 지내니 제 리더였던 무밍이랑 엄마와 딸 사이처럼 된 거죠. 그러고는 제가 확 꼬셨어요.

> 무밍 제가 소속된 대학교의 기독교 동아리 선교 모임에서 만났어요. K가 제 팔로워서서 둘이 개인적으로 시간을 보냈죠. 자연스럽게 자취하는 K 집에 놀러 가고 하면서 정이 들었는데, 좀 특별한 느낌이 있었어요. K가 지한테 스킨십을 아주 자연스럽게 했는데 그게 참 편했고 나를 많이 좋아해준다는 느낌이 들더라고요. 제가 직장 다닐 때는 비 오면 우산 씌워준다고 마중도 나와주고 그랬거든요.

누군가가 나를 많이 좋아하고 있다는 감정이 자신을 눈뜨게 했다는 무밍의 고백에서 풋풋한 설렘이 느껴진다. 중학교 때 레즈비언으로서 본인의 정체성을 자각한 K와 달리 무밍은 그런 경험이 처음이었다고 하는데, 그는 받아들이기 쉽지 않은 마음을 어떻게 붙들었을까?

> **무밍** 저는 당시 성 정체성 자체를 자각하지 못하고 있었고 누군가를 좋아해본 적도 없었기 때문에 당연히 일반 사람들처럼 살겠지 생각하고 살았어요. 그래서 신앙생활을 하는 입장에서 처음엔 동성애를 거부하고 엄청 욕했어요. 제가 다니던 교회의 교단은 엄청 폐쇄적이고 동성애를 반대했거든요. 그러다가 실제로 퀴어인 사람을 만난 게 처음이고, 교회에서 배운 대로 말하다 보니 내재적인 호모포비아의 모습을 드러냈죠. 그런데 만나보니 이상한 게 아니었어요. 그러면서 자연스럽게 받아들였던 것 같아요.

성 정체성, 성적 지향을 자각하기 이전에 누군가를 한 인격체로서 좋아하게 된 마음을 누가 사랑이 아니라고 말할 수 있겠는가. 만나러 갈 때면 예쁜 원피스를 입게 됐다는 감정이 이제는 동성 연인과 삶을 나누면서 본인의 젠더에 대한 고민과 배움의 욕구에까지 다다랐다는 말이 흠뻑 와닿았다. 게다가 타이밍까지 딱 들어맞았다고 하니 어찌 아니 좋을쏘냐.

K 반대로 저는 정말 많은 사람을 사귀었었거든요. 그러다 이렇게 살면 안 되겠다고 다짐하고 다 정리한 다음에 무밍을 만난 거예요. 그래서 제가 좀 많이 노력했죠. 요즘에는 안 먹히긴 해요. (웃음)

　서로의 성 정체성, 성적 지향을 몰랐어도, 거기에 신앙관마저 달랐는데도 결국 인연으로 이어져 연인이 된 이야기는 신기함을 넘어 신비로움마저 자아냈다. 어찌 보면 두 사람은 기독교 신앙의 정수인 "네 이웃을 네 몸과 같이 사랑하라"는 말씀을 몸소 행동으로 옮기고 있는 건지도 모르겠다.

:: 두 사람이 함께 사는 집의 모습

무빙 웹툰 〈모두에게 완자가〉를 보면서 퀴어에 대해 이해하게 됐고 영화 〈바비를 위한 기도〉를 본 뒤로는 보수 기독교의 동성애 혐오에 대한 생각도 좀 정리가 됐어요. 처음엔 같이 회개하러 가자고 했을 정도였거든요. (웃음) 성경을 보면 이방인들에게 문을 열어줄 때 하나님이 베드로에게 유대인이 먹으면 안 되는 동물들을 세 번 먹으라고 하시는데 베드로가 거부하는 장면이 있어요(사도행전 10장 9~16절). 기도하던 중에 왜 하나님께서 깨끗하다고 하는 것을 내가 더럽다고 정죄하면서 멀리하는지 생각하게 되었고, 그때 퀴어로서의 정체성을 받아들이게 됐어요. 《하느님과 만난 동성애》란 책도 도움이 됐고요. 아직은 Q*이지만 지금도 만족해요.

함께하니 더 맛있는 매력

이처럼 언니, 동생으로서의 만남에서 엄마와 딸 같은 사이로, 이제는 연인으로 발전하게 된 두 사람. 서로 부단히도 아끼고 위하며 함께하면서 외모도 닮아가고 가치관도 맞춰가는 두 사람은 어떻게 사랑을 꽃피웠을까?

---

* 퀘스처너리(Questionary). 자신의 성 정체성이나 성적 지향에 의문을 갖고 탐색하는 사람을 뜻한다.

K 먹는 걸 좋아해서 많이 먹으러 다녔어요. 극장 데이트도 반은 팝콘 먹으러 간 거고요. 여자들은 길거리에서 손잡아도 크게 개의치 않는 것 같아서 자연스럽게 손잡고 다녀요.

무밍 처음에는 길에서 손가락 깍지 끼는 게 좀 어색했거든요. 근데 차세기연(차별 없는 세상을 위한 기독인 연대) 분들이랑 얘기하면서 다른 사람들은 내가 뭘 하든 전혀 신경 쓰지 않는다는 걸 알게 됐죠. (웃음) 그때 이후로 좀 자유로워진 듯해요. 술 마시는 것도 차세기연 덕분에 풀어졌어요. 전에는 K한테 술 마시지 말라고 엄청 뭐라 했거든요. 보수 기독교 교리만 따랐던 거죠.

두 사람이 느낀 변화는 비단 관계뿐만이 아니다. K는 수많은 연애 중 지금의 연애가 가장 오래가고 있고, 동거도 처음이다. 본인에게 세심하게 신경 써주고, 맛집 다니기를 좋아하며, 헌혈해 받은 영화표로 영화 보기를 좋아하는 점도 서로 비슷한 걸 보면 무밍이 특별할 법도 하다.

K 전에는 연애가 다 엄청 빨리 끝났는데, 확실히 옛날이랑은 달라요. 지금은 뭔가 보이지 않는 끈으로 묶인 느낌이에요. 유대감이랄까요? 마치 반려견이 집에서 주인만 기다리듯이 무밍이 저를 항상 기다려주는 기분이 들어요.

좋아하는 마음이 커지면 더 자주 보고 싶고 함께하고 싶은 생각이 들기 마련이다. 그렇기에 동거는 연애 초반의 당연한 선택이었고, 원가족을 떠나 새로운 보금자리를 만들었다. 원룸에서 시작해서 어느 정도 독립 공간이 있는 지금의 집을 구하기까지 서로 간의 배려와 노력이 없었다면 잦은 싸움에 지쳤을지도 모른다.

무밍 좁은 집에서 불편을 감수하고서도 둘이 거의 붙어 지냈어요. 지금은 투룸인데, K가 제일 좋아하는 건 저랑 따로 자는 거예요. 제가 코를 좀 골아서요. 아, 그리고 K에게 따로 공간을 줄 테니 거긴 마음대로 하고 공동 공간은 깨끗이 쓰자고 했는데 별 의미가 없는 것 같아요. 빨래도 잘 안 걷으려고 해요. 이런 거로 티격태격하긴 하죠. 지금은 제가 이 더러움에 동화된 것 같아요. (웃음)

K 저는 안 치워도 뭐가 어디 있는지 잘 찾고, 빨래를 개고 꺼내 입는 것 자체가 비효율적이라고 생각해서요. (웃음) 저도 학교 끝나면 대부분 집으로 바로 오고, 친구 만날 때도 집으로 불러서 만나곤 했어요. 예전에 무밍이 소개해준 기독교 동아리 친구들이라 둘 다 아는 경우가 더러 있거든요. 친구들이 오는 날에는 미리 서로 연락해서 부랴부랴 치워놓곤 했죠. 덕분에 다른 친구들이 전혀 의심하지는 않았어요.

어찌 보면 나와 다른 누군가와 한 공간에서 삶을 영위하는 경험은 따로 연습할 수 없는 것이기에 두 사람의 좌충우돌 동거기는 그렇게 쭉 계속되고 있다. 생활비를 나눠 내는 것부터 가사 분담, 누군가를 초대할 때의 대처법, 부부싸움 잘하는 법 등 누가 알려주지도 않고 스스로 해내야 하는 것투성이지만, 아끼고 사랑하는 마음이 행동으로 배어나온다고 하니 참 다행이다.

그나마 둘 사이의 문제는 둘이 해결하면 그만이지만, 원가족에게는 애인을 선후배 룸메이트로 소개하는 것부터 혹시나 부모님이 오실까 봐 눈치 보는 것, 거기에 적당한 짝을 만나야 한다는 말을 듣는 것까지 넘어야 할 산이 한두 개가 아니다. 혈연관계에서는 어느 정도 감수해야 한다고들 하지만, 그 정도가 어디까지이고 본인이 감당할 몫은 얼마인지를 생각하면 난감하기 그지없다.

K 본가에 있을 때 매일 들들 볶고 그래서 너무 힘들었어요. 외동이라 더 그런 것 같기도 하고요. 그래서 이제 주민등록번호 변경이 가능하다는데 번호도 바꾸고 성도 엄마 성으로 하고 얼굴도 성형하고 개명도 할까 생각하기까지 했죠. 엄마랑은 관계가 괜찮은데, 아직 커밍아웃은 못 했지만 제가 직장을 잡으면 터뜨리고 도망갈까 생각하고 있어요. (웃음)

무명 보통 한 달에 한 번 정도 집에 내려가는데, 그렇게 불편하거나 하진 않아요. 다만 여덟 살 어린 애인이 있다고 하니 나이 차이도 걱정하시고, 군대 얘기도 해서서 군 면제 받았다고 하는 등 점점 시나리오를 쓰고 있죠. 이번에 영화 〈런던 프라이드〉를 보면서 나도 용기를 내서 언젠가 부모님께 말씀드리고 자유롭게 활동하고 싶다는 생각을 하게 됐어요. 참, 한번은 남동생이 제가 연애를 안 하니까 "누나 혹시 L이야?"라고 물어보긴 했어요. 당시엔 제가 퀴어인 줄 모르는 상태여서 "뭔 소리야"라고 했죠. 동생이 자기는 별로 신경 안 쓰지만 가족 중에만 없으면 좋겠다고 했는데, 씁쓸하네요. (웃음)

원가족과 부딪히는 일이 늘면서 둘 사이는 오히려 더 단단해졌다. 동거한 뒤로는 따로 약속을 잡지 않아도 보고 싶을 때 볼 수 있다는 편안함이 더해져 1년 반 동안 많은 변화를 겪으며 성장할 수 있었다.

K 함께 사니 뭔가 삶의 일부가 된 느낌이랄까, 가족이라는 생각이 들어요. 물론 혼자 살면 그것대로 편하겠지만요.

무명 가끔은 제가 같이 있으니까 K가 대학생으로서 누릴 수 있는 자유를 못 누리는 건 아닌지 염려되기도 해요.

K 아니야, 그렇지 않아. 지금 충분히 좋아요. 그리고 어차피 학교 과제가 많아서 정신없어요. 지금도 과제가 다섯 개예요. (웃음)

그들이 무지개를 찾은 이유

믿을 수 있는 사람과 함께하며 순간순간을 즐겼지만 두 사람에게
는 무언가 조금씩 아쉬움이 생겼다. 지방에 있어서 갈 곳이 많지
않다는 안타까움과 새로운 사람을 만나기 힘들다는 허전함이 겹
친 탓일 것이다. 아직 가족이나 친구들에게 자신의 정체를 고백하
기엔 조심스러웠기에 응어리진 마음을 풀 곳이 필요했다.

> K 박근혜 전 대통령 탄핵 집회에 갔는데, 한쪽에 무지개 깃발이 보이
> 는 거예요. 무밍한테 "저기 무지개 깃발 있다!"라고 외쳤는데, 잠깐
> 사이 안 보이더라고요. 알고 보니 그게 솔롱고스* 깃발이었죠.

> 무밍 안 지 얼마 안 되긴 했는데 그래도 그 이후로 조금 나아졌어요.
> 그 전엔 진짜 둘만 있다고 생각했거든요.

중학생 때 정체화했지만 어떻게 사람들을 만날지 몰라 온라인
커뮤니티를 전전했다는 K와, 본인의 성 정체성, 성적 지향을 자각
조차 못한 상황에서 연인을 통해 이제야 눈을 뜬 무밍은 그렇게 대
전 성소수자 인권 모임 '솔롱고스'를 찾았다.

---

* 솔롱고스는 몽골에서 우리나라를 일컫는 말로, '무지개의 나라'라는 뜻이다.

대전 성소수자 인권모임 솔롱고스 5월 회원모임

퀴어하게 상상하라-

성소수자와 가족

▶ 2017년 5월 27일 토요일 pm 7시. / 장소 참가자에게 개별 안내.
▶ 문의 : 카카오톡 옐로 아이디 #솔롱고스
▶ 준비물 : 가위, 풀, 안 보는 잡지

:: 대전 성소수자 인권 모임 '솔롱고스' 회원 모임 웹자보

무밍 이번 인터뷰도 솔롱고스를 통해 요청하신 걸로 알고 있는데, 운영자 님이 저희 커플을 추천해주셔서 감사하더라고요. 올해는 함께 퀴어문화축제에도 참여해보고 싶어요. 자유를 만끽하고 싶어서요. 빨리 타투를 해야겠네요.

K 아무래도 소통이 많이 되는 게 제일 좋아요. 사실 전에 다른 단체에 나갔다가 데인 적이 있어서 좀 주저했거든요. 그래서 무밍에게 내가 먼저 들어가서 간을 볼 테니 괜찮다 싶으면 들어오라고 했죠. (웃음) 결국엔 한 달 차이로 가입했어요. 저는 저희끼리 모여서 이런저런 얘기하는 모임으로 생각했는데, 얼마 전 A 대위 구속 사건 때 투쟁하는

걸 보면서 과격한 면도 있구나 싶었어요. 한 달에 한 번 정도 모이는데, 횟수가 적어서 아쉬워요.

처음 접하는 커뮤니티 활동이라 두 사람은 본인의 욕구와 단체의 지향점을 접목하려 하고 있다. K는 신학에 관심이 많고, 무밍은 퀴어의 세계를 좀 더 공부하고 싶은 마음이다. 아직 시작에 불과하지만, 만남을 통해 소소한 일상을 나누고 이러한 인터뷰에도 참여하는 일 등이 두 사람 사이를 넘어 다 함께 어울려 사는 연대의 디딤돌이 되리라 믿는다.

무밍 아직 가입한 지 얼마 안 돼서 일단은 적응하면서 스터디에 참여하고 있어요. '퀴어 이론 스터디'라고 관련 논문과 책을 보고 있는데 어렵더라고요. 제가 이렇게 몰랐나 싶어요. 그래서 좀 더 쉬운 거로 하자고 제안했어요. 솔롱고스 모임은 구글이랑 인권재단 사람 쪽에서 지원을 받아 활동에 탄력이 붙었다고 해요. 굿즈도 만들 예정이고 최근 만든 리플릿도 배치한다네요. 사실 크리스천이다 보니까 차세기연에도 가고 싶은데, 거리가 있어서 쉽게 참여하지 못해 아쉬워요. 예배도 같이 드릴 수 있는 사람이 있으면 좋겠다고 생각하는데 찾기가 어렵잖아요. 크리스천인데 퀴어인 사람들은 어디 있는지 알 수가 없기 때문에 더욱 그렇죠.

K 솔롱고스 내에서 '정체성과 종교의 화합' 등 복음을 전파하고 싶어요. 퀴어퍼레이드에도 참여하고 싶은데 극보수 사람들이 있을까 봐 걱정되기는 해요. 지방에 성소수자 인권 모임이 많이 없는데, 그래도 솔롱고스가 있어서 참 좋아요. 사실 전에는 소외감도 좀 느꼈거든요. 차세기연 모임 갔다가 대전 왔을 때 한동안은 우울했어요. 왜 여기엔 없을까 하는 생각이 든 거죠. 솔롱고스에도 일반 교회에 다니는 분이 있는데, 그분에게 대전에 성소수자 친화적인 교회를 세울 거라고 하니까 그럼 다니겠다고 하더라고요. (웃음) 교회가 테러당할까 봐 무섭기는 하지만요.

보수 기독교의 세력은 공고한 반면, 솔롱고스는 아직 구성원

:: 솔롱고스 '반폭력 반성폭력' 강의 현장 (사진: 솔롱고스 페이스북)

이 부족해 점점 인권 활동의 어려움을 느끼고 있지만, 그래도 한 사람 한 사람의 소망을 모아 손을 맞잡고 관계를 확장하며 나아갔으면 하는 바람이다.

무빙 얼마 전 솔롱고스 회원 모임에서 '반폭력 반성폭력' 강의를 들었는데, 알고 보니 강사가 고등학교 동창인 거예요. 그런 자리에서 만날 줄은 꿈에도 몰랐거든요. 반갑기도 하고 놀랍기도 했는데, 아무튼 세상 참 좁다고 느꼈어요. 한편으로는 뜻깊은 곳에서 만나니 기분 좋기도 했고요. 앞으로 또 누구를 만날지 궁금해요.

내 편이 있다는 든든한 느낌으로

성소수자로 지방에 살면서 무언가를 해본다는 게 쉽지 않음을 실감하고 나니 K는 앞날에 대한 고민을 더 할 수밖에 없었다. K는 신학에 관심이 있어서 더 깊이 있게 공부하며 퀴어신학을 연구해보고 싶은데, 새로 입학을 할지 편입을 할지 아니면 대학원에 가야 할지 정보가 없어서 성소수자 친화적인 목사님을 만나볼 생각이다.

K 《하느님과 만난 동성애》도 그렇고 신학적으로 퀴어 이슈에 접근하잖아요. 그래서 직접 배운 다음 검증하고 싶기도 하고, 히브리어 같은 언어도 배워 원어로 성경을 읽으면서 새로운 관점에서 생각해보고

싶어요. 지금 전공하는 경영학과는 많이 다르지만, 경영학도 교회 경영에 도움이 되지 않을까 해요.

무밍 이전 직장에서 일반 사무직으로 일하다가 노동 착취를 당해서 석 달 만에 그만뒀어요. 지금은 좀 고민 중인 게 충주에서 아버지가 사업을 하시거든요. 원래 도와주던 언니가 유학 가고 싶다고 해서 저보고 내려와서 일 좀 도와달라고 하셔서요. 그러면 주말에만 여기 오는데 그게 참 마음에 걸리네요. 아무튼 K가 신학 쪽으로 가면 지원도 필요하니까 생각할 수밖에 없죠.

각자가 원하는 바를 위해 길을 열어주는 마음으로 함께한다는 두 사람의 신념이 돋보였다. 이렇듯 우리 주변에는 조건을 떠나 애정으로 서로를 품는 가족/공동체가 생생히 빛나고 있다. 하지만 현실은 녹록지 않다.

문재인 대통령은 취임사에서 "한 번도 경험해보지 못한 나라를 만들겠다" "국민 모두의 대통령이 되겠다"라고 선언했다. 하지만 대선 과정 중 "동성혼을 합법화할 생각은 없지만 차별은 반대한다" "차별금지법 제정으로 인한 불필요한 논란을 막겠다" 등의 모순된 발언으로 국민 중 한 주체인 성소수자들에게 크나큰 상처를 남겼다. 존재가 부정당하고, 삶 가운데 차별과 혐오를 겪는 지금, 우리는 어떻게 해야 할까?

무밍 아무래도 소수자인 사람들이 더 힘을 키워야 하지 않을까 하는 생각이 들더라고요. 저희는 소수 중의 소수인 입장이라 더 그렇죠. 한 번은 솔롱고스에서 '퀴어들이 교회에 헌금을 많이 하면 좀 달라지지 않을까?'라는 얘기도 나왔어요. (웃음)

K 정치인으로서 표를 잃지 않기 위해 어쩔 수 없다고 생각은 하지만 결국 소신 없는 발언이잖아요. '저런 사람에게 대통령을 맡겨도 될까?' 하는 두 마음이 공존하는 느낌이에요.

성소수자 가족/공동체에 대한 법적 보호와 권리 부여의 문제도 이 나라는 아직 답이 없다. 김조광수·김승환 부부는 혼인 인정에 대한 헌법소원을 고민 중인 반면, 이웃 나라 대만은 2017년 5월 24일 '동성혼 금지는 위헌'이라는 판결을 내렸다. 인권 대통령이 앞장서서 동성혼 법제화 반대를 천명하고, 우리의 사랑을 사랑이라고 인정받지 못하는 세상에서 혼인 평등을 외치는 목소리는 더욱 소중하다.

K 결혼하고 싶은 생각은 당연히 있어요. 수술할 때 가족 동의서도 써야 하고, 죽기 전 유언장을 써도 원가족이 유류분 신청하면 최소보다 더 뺏길 수 있잖아요. 아무래도 법적으로 뭔가 연결고리가 있으면 뺏기지 않고 챙겨줄 수 있지 않을까요? 나중에 입양도 계획 중인데 게

이랑 위장 결혼해서 아기만 입양하고 찢어질까도 생각해봤어요. (웃음)

무밍 그렇게밖에 생각할 수 없다는 게 참 슬퍼요. 누군가에게 우리 관계를 소개할 때도 '룸메이트'라고밖에 얘기할 수 없는 현실이잖아요. 하나의 사회 구성원으로서 받아들여지지 못하는 기분이에요. 처음에는 많이 쓸쓸했는데 이젠 무뎌져서 아무렇지도 않아요. 무뎌지면 안 되는 건데 어쩔 수 없이 그렇게 되네요. 가족에게도 언젠가 말하고 싶은데, 법적으로 인정이 안 되니까 한계가 있죠. 지금 사는 LH 주택 같은 경우 법적인 부부가 아니라 지원도 없고 공동 명의도 불가능해요. 나라에서 부부에게 주는 혜택을 하나도 못 받는 거죠.

여전히 위장하고, 돌려 말하고, 감추고 살아야 하는 현실에 한숨이 나오지만, 언젠가 세상이 변해 동성혼에 관한 법이 만들어질 때를 대비해 자신들이 원하는 결혼식의 모습을 마음속에 그리고 있다고 한다.

무밍 저는 번지점프같이 기념할 만한 추억을 쌓고 싶어요. 하객들도 원하면 같이 번지점프 하고요. (웃음)

K 저는 반대예요. 결혼식에 들어가는 돈이 얼만데. (웃음) 기차 한 칸

을 통으로 빌려서 친한 하객들을 초대해 진행하는 스몰 웨딩을 꿈꾸고 있어요.

삶으로서, 관계로서 존재를 드러내고 권리를 실천하고 있는 이들 커플에게 마지막으로 성소수자 가족으로서 하고 싶은 말을 청했다.

K 서로가 서로를 가족이라고 생각하면 그냥 그걸로 된 거 아닌가요? 아, 대전에 오면 솔롱고스를 찾아주세요. (웃음)

무밍 가족이란 내 편이라는 생각이 들어요. 내가 실수하고 잘못해도 항상 내 편인 거죠. 오래도록 함께하자고 말하고 싶어요. 활동도 서울에서만 하지 말고 지방에서도 같이 해요.

10

우리는
우리의 연애를 한다

| 퀴 어 커 플 |
| '달의이면과 하제' 이야기 |

"피땀 흘려 세운 나라 동성애로 무너진다!"

"항문섹스도 인권이냐? 정말 잘났어!"

"에이즈 유발, 이성애자 역차별하는 동성애 반대!"

성소수자 차별에 앞장서는 혐오 세력들의 저 휘황찬란한 선전 문구들을 본 적이 있는가. 성소수자 당사자라면 고개를 갸우뚱했을 것이다. '동성애' '항문섹스' '에이즈'로 대표되는 혐오 논리대로라면 '동성애' 하지 않고 '항문섹스' 하지 않으며 (그들의 입장에서) '에이즈'를 유발하지 않는 성소수자들은 안심해도 된단 말인가.

이처럼 어처구니없는 말에 쓸쓸한 웃음을 짓는 이들이 여럿 있다. 비단 동성애자뿐 아니라 저들의 머리로는 도저히 상상조차 못 할 젠더 정체성을 가진 사람들은 다른 의미에서 허탈해한다. 여성 혹은 남성으로 대표되는 생물학적 성sex이 사회적 성gender으로 전환되는 걸 당연히 여기는 사회에서 논바이너리non-binary* 로 정체

---

* 자신을 단지 여자 혹은 남자로 정체화하지 않는 모든 사람을 위한 엄브렐러 텀 (umbrella term)이다. 성별 이분법에 저항하는 모임 여행자,《젠더여행자를 위한 번역 책자》, 2017.

화를 원하는 사람들 역시 우리 곁에 분명히 존재한다.

논바이너리로 살아가는 것을 젠더 실천이라고 본다면, 폴리아 모리polyamory*는 사랑을 실천하는 다양한 양태 중 하나다. 성별 이 분법에 저항하는 것도 모자라 일대일 독점적 연애관계를 비판한 다니, 이 무슨 소리냐고 거품 물며 소리칠 사람들이 보인다. 그러한 시선을 보란 듯이 뚫고 나와 인터뷰까지 응한 두 사람이 있다. 1년 째 알콩달콩 사랑을 나누고 있는, 또 하나의 성소수자 가족/공동체 인 달의이면과 하제 커플이다.

---

* 비독점적 다자연애. 비혼자 집단에서 동시에 여러 명의 성애 대상을 가질 수 있는 경
우를 가리킨다. 위키백과.

'퀴어'문화축제에서 생긴 일

하제 안녕하세요, 저는 에이젠더agender,[*] 데미로맨틱demiromantic[●] 그리고 팬섹슈얼pansexual[◉]이라고 생각했는데 요즘은 데미섹슈얼 demisexual[◌]이 아닌지 고민 중인 '하제'라고 하고요, 덕성여대 퀴어소 모임 'Be B' 1대 운영진으로 활동하다 지금은 동아리원으로 있으면서 잠깐 휴학하고 쉬고 있는 상태예요. 그리고 애인이랑 동거하고 있고, 폴리아모리입니다.

달의이편 저도 폴리아모리이고, 원래 바이젠더bigender[○]라고 했는데 다시 젠더 퀘스처닝gender questioning[◗]을 고민 중이고, 확실히 시스젠더

---

[*] 특정한 젠더 정체성을 갖지 않거나 인식 가능한 젠더 표현을 갖지 않은 사람. 일부는 중립적 젠더 정체성을 갖는 것 이상으로 정의하기도 한다. 《젠더여행자를 위한 번역 책자》.

[●] 타인에게 강렬한 정서적인 유대감(emotional connection)을 느낀 후에야 로맨틱 끌림 (romantic attraction)을 느끼는 정체성. 무성애 가시화 행동 무:대, '무성애 사전-로맨틱 지향성'(http://acetage.com/220815486409).

[◉] 범성애. 사람을 여성 또는 남성으로 구분하지 않고 정체성 또한 신경 쓰지 않으며 사람 그 자체를 사랑하는 것을 말한다. 위키백과.

[◌] 깊은 정서적 유대감을 형성한 상대에 한해서만 성적 끌림과 성적 욕구를 느낄 수 있는 사람을 말한다. 무:대, '무성애 사전-반(半)성애자'(http://acetage.com/220815521741).

[○] 두 개의 뚜렷한 정체성을 갖는데, 이는 동시에 나타나거나 서로 다른 때에 나타날 수 있다. 두 가지 젠더는 이분법적 젠더인 여자와 남자일 수 있다. 하지만 어떤 사람들은 다른 쌍의 젠더를 가질 수도 있다. 《젠더여행자를 위한 번역책자》.

[◗] 젠더 정체성을 어떻게 묘사하고 어떻게 칭할지 탐색하는 과정 중이지만, 트랜스젠더로 정체화할 이유가 있는 사람을 위한 잠정적인 젠더 정체성 용어이다. 《젠더여행자를 위한 번역책자》.

cisgender[*]는 아니라고 생각하는 '달의이면'이라고 합니다. 또한 팬섹
슈얼이면서 세종대 성소수자 모임 'IRIS'에 있다가 지금은 졸업하고
야근의 노예로 살고 있습니다. (웃음)

이토록 다채로운 성 정체성, 성적 지향 그리고 로맨틱 지향성
이라니. 스스로가 어떤 존재인지 끊임없이 고민하는 두 사람의 모
습이 무수한 용어 사이사이에서 느껴진다. 그런데 평소 학교나 직
장에서 이런 자기소개를 한 적이 있을까?

하제 사실 표면적으로 얘기할 수밖에 없는 게 트랜스젠더도 아니고
젠더퀴어genderqueer● 라고 말해봤자 거의 아무도 모르는 개념이라서
요. 예를 들어 "난 에이젠더야. 난 내 성이 무성無性이라고 생각해"라
고 하면 십중팔구 미친 거 아니냐고 할 거예요. 그래서 안 밝히죠. 대
신에 "네, 저는 덕성여대 다니고요. 머리는 왜 잘랐냐고요? 그냥 편해
서요." 이런 식으로 소개하죠. "스물두 살, 여대생, 일할 준비가 되어
있습니다"라고 하고요.

---

* 자신이 사회에서 지정받은 신체적 성별(sex)과 본인이 정체화하고 있는 성별 정체성
  (gender identity)이 '동일하다' 혹은 '일치한다'고 느끼는 사람을 뜻한다. 위키백과.
● 규범적이지 않은 또는 '기이한' 젠더를 의미. 젠더퀴어는 논바이너리와 비슷한 범위
  를 가리키는데, 많은 논바이너리들이 자신을 젠더퀴어로 여기기도 한다.《젠더여행
  자를 위한 번역책자》.

'먹고살려면 감춰야 하는구나'라는 체념도 잠시, 집에서 가족들이 게이와 에이즈의 연관성을 얘기하는 걸 보면 '본질은 그게 아닌데'라는 생각이 불쑥 솟아오른다는 하제는 사회에서 나이와 지정성별로도 제약을 받는다. 그러한 한계는 한국 남성으로 태어난 달의이면도 예외가 아니다.

하제 아직 어리니까 일하는 게 주로 서비스 직종 알바일 수밖에 없잖아요. 근데 그런 일들은 대개 매니저가 일을 내려주는 거니까 밉보이면 힘들어질 게 빤히 보이는 거예요. 스무 살쯤엔 멋모르고 그냥 말하고 다녔는데 시간이 지날수록 점점 힘들어지더라고요.

달의이면 저는 그냥 '사람 좋은 한국 남자'인 척하고 있어요. 다만 이제 각을 재서 '아, 이 사람한테는 말할 수 있겠다' 싶으면 얘기해요. 한번은 직장 동료에게 얘기했더니 그 사람도 바이섹슈얼이더라고요. (웃음) 근데 대부분은 말을 안 하고, 말해도 섹슈얼리티를 얘기하지 젠더를 얘기하진 않아요. 이유는 똑같죠. 설명하기 귀찮아서. 어느 정도 걸 줄 아는 사람한테 뛰는 법도 알려줘야지, 성소수자가 동성애자밖에 없다고 생각하는 사람들한테 젠더퀴어를 어떻게 알려줄까요.

알지도 못하고 알고 싶어 하지도 않는 혐오 세력에게는 '소귀에 경 읽기' 같은 젠더의 바다에서 헤엄치는 두 사람. 그들 역시 서울광장에서 열린 퀴어문화축제에 당당하게 커플로 참여했다. 그러나 생각지도 못한 경험들이 눈앞에 닥쳐 결국 중간에 귀가해서 쓰러져 갔다는데, 무슨 일이 생겼던 걸까?

하재 성소수자이면서 정신질환자인 이들에 대한 축제 측의 배려가 조금 부족하지 않나 싶었어요. '리단'이라는 분이 여성이고 동성애자인데, 자신의 정신병적 경험을 토대로 《조색기》라는 만화를 내서 부스를 차렸거든요. 그런 부스를 냈음에도 축제 사회자가 말실수를 하기도 했고요. 그 자리에 우울증 환자인 저도 있었어요. 게다가 스피커 소리가 너무 커서 머리가 아플 지경이라 장애인 쉼터에 갔는데, 운신할 수 있는 데가 부족하더라고요. 열악한 환경이 아쉬웠죠.

:: 퀴어문화축제에서 키스 퍼포먼스 하는 두 사람

달의이면 미국에서 평등 결혼이 법제화된 뒤에도 여전히 많은 퀴어들이 정신질환을 앓고 있어요. 평등 결혼을 할 수 있게 됐다고 해서 차별이 완전히 사라지는 건 아니니까요. 그런데도 축제에서는 다들 자기는 건강하다는 걸 내세우는 느낌이었죠.

모든 사람이 똑같지 않고 조금씩 다른 모양새로 자신을 내면화하는 세상에서, 다른 사람의 마음을 헤아리고 배려하는 게 얼마나 중요한지 다시 한번 깨닫는다. 정신질환자를 대하는 자세부터 트랜스젠더퀴어 등 다양한 정체성을 이해하는 태도까지, 두 사람은 소수자 속 소수자 이슈들이 잘 해결되고 우리 안의 '나중에'는 없었으면 하는 바람을 전했다. 언제까지 '건강한 LGBT'만 외칠 수는 없지 않겠냐는, 성소수자 운동의 힘은 연대에서 나온다는 말도 잊지 않았다.

게다가 당일 맘 먹고 준비한 퍼포먼스조차 혐오 세력의 폭행 위협으로 등골이 서늘해지는 경험을 했다. 사랑하는 사람과의 애정 표현이 그렇게나 거슬렸던 것일까. 광기와 흥분의 현장에서 살아남은 둘은 그날의 악몽을 떠올렸다.

하제 혐오 세력이 판치는 곳 앞에서 애인과 키스 퍼포먼스를 하기 위해 지인에게 촬영을 부탁했거든요. 그런데 뒤에서 어떤 남성이 제 뒤통수를 치려고 했고, 다행히 지인이 말려서 빠져나왔어요. 주위에 경

찰이 대여섯이나 있었는데 아무도 안 말리더라고요. 물어보니 직접
적인 충돌이 일어나기 전까지 행동을 자제할 거라고 하는데 참…

점점 폭발적으로 늘어나는 참가자와 그에 비해 부족한 인력
사이에서 고군분투하는 축제 측의 아찔한 실수*에 대해서도 이들
은 관심이 많을 수밖에 없었다. 이것은 과연 게이 클럽의 숙명일까,
젠더 이분법의 그림자일까, 아니면 일부의 주장처럼 반페미니즘적
행태일까?

달의이면 클럽 측에서 잘못한 부분이 분명 있긴 한데, 워마드식 분리
주의 페미니즘,● 그리고 TERF◉를 주장하는 분들이 트랜스포비아를
끼얹으면서 퀴어 운동 자체를 비난하는 모습을 보고 가슴이 아팠거

---

* 2017년 7월 15일 진행된 퀴어문화축제의 애프터 파티 '프라이빗 비치' 행사에서 클
  럽 입장의 성별 가격 차등 등의 문제가 불거졌다.
● 생물학적 (그리고 여성으로 살고 있는) 여성이라는 범주 이외의 억압의 맥락들을 의
  도적/전략적으로 삭제한다. '여성'으로서의 단일한 입장성 만들기의 일환으로, 다양
  한 성소수자 또는 성적 실천들은 '여성 인권'이 우선이며 미션임을 재확인하는 경계
  로 활용되기 쉽다. 더지(언니네트워크), '급진적 분리주의 페미니즘과 트랜스포비
  아', 《제9회 성소수자 인권 포럼 자료집》, 2017.
◉ Trans-Exclusionary Radical Feminism(트랜스젠더 배제적인 급진 페미니즘). 여성 성기
  와 XX 염색체를 가지고 태어나 '여성으로서의 경험'을 한 '시스젠더 여성'만이 '진짜
  여성'이고, '시스젠더 여성임'은 특권이 아니며, 트랜스젠더 여성에 관한 운동 의제
  는 페미니즘 의제들로부터 분리되어야 한다는 일련의 주장을 가진 급진 페미니즘의
  한 부류. 나영(지구지역행동네트워크 적녹보라 의제행동센터장), ''진짜 여성' 논쟁',
  《참세상》 2017. 4. 3.

:: 두 사람이 논바이너리로서 패싱[*]한 모습

든요. 그러니까 이걸 여성의 문제라고 치환하는데, 트랜스젠더퀴어의 문제이기도 해요. 저희 커플은 그러면 얼마를 내야 했을까요?

<u>하제</u> 젠더 권력이면서 젠더 권력이 아닌 건데, 평소에도 애인이랑 지정성별로부터 얻는 이점에 대해 얘기하거든요. 예컨대 밤거리 안전 같은 문제요. '갖고 싶어서 갖는 게 아닌 것들 때문에 얻고 싶지 않은 불이익을 당하면서 같이 손잡고 있는데 왜 이렇게 금이 생기지?' 하는 기분이 들더라고요. 한편으로는 그런 중요한 파티를 소수 인력만으로 해내려 한 주최 측 분들 몸은 좀 괜찮으신지도 묻고 싶고, 파티

---

* 패싱(passing)이란 어떤 사람의 외적 모습이 사회에서 자신이 생각하는 성으로 자연스럽게 받아들여지는 것을 뜻한다. 헤어스타일이나 옷처럼 겉으로 드러나는 것에서부터 그 성별에 적합하다고 여겨지는 행동거지에 이르기까지 다양한 것이 패싱의 수단이 될 수 있다. 위키백과.

예산이랑 클럽 측과 소통이 안 된 것에 대한 책임을 짊어지고 갈 활동가들이 걱정되기도 했어요. 사람들의 후원만으로 순수하게 이루어지는 행사이기 때문에 아무데서도 보상받을 데가 없잖아요, 그분들의 노력과 감정은.

아무도 미안해하지 않아서 내가 미안해

타인과의 삶 속에서도, 동질한 커뮤니티 안에서도 어느 순간 소외되는 경험은 뼈아플 수밖에 없다. 그들이 속한 어느 연대 모임 내에서 나온, 정신질환자를 비꼬는 듯한 혐오 발언을 그냥 지나칠 수 없었던 두 사람은 문제를 제기하여 결국 평등 문화 조성을 이끌어내기도 했다. 이번 인터뷰에 응한 것 또한 다양한 가족/공동체가 존재하는 만큼 가시화를 통한 사회 인식 변화와 관련 법 제정이 필요하다는 데 적극적으로 동감했기 때문이다.

연애한 지 1년이 넘은 커플이자 여전히 함께 있으면 사랑이 넘치는 이들에게 첫 만남부터 지금까지의 이야기를 부탁했다.

하제 트위터에서 제가 영화 〈아가씨〉 관람 번개를 때렸는데, 딱 한 명이 나왔고 그게 언니였어요. 그 전에 만난 애인은 앨라이ally* 를 자청

---

* 성소수자 차별에 대해 당사자가 아닌 사람이 그 차별에 반대하는 것, 또는 그러한 차별에 반대하는 사람을 뜻한다.

하면서도 제가 활동한다고 말하니까 이상한 사람들이랑 어울리지 말라거나, 숏컷으로 머리 자르니까 여자로 안 보일 것 같다고 얘기해서 별로였거든요. 암튼 그래서 영화 끝나고 같이 뒤풀이 갔는데 좋아하는 장르, 취미, 가치관 등이 다 비슷해서 "우린 좋은 친구가 될 것 같네요"라고 얘기했어요.

달의이면 저는 강아지 같은 타입이라 좋아하는 사람 보면 막 꼬리를 흔들어대거든요. 티를 막 냈죠. 둘 다 예전 애인이랑 깨진 지 얼마 안 된 터라 연애할 생각이 별로 없었는데, 이래저래 '썸'을 타다가 경복궁 데이트에서 꽃을 피웠어요.

연애는 정말 많은 힘이 됐지만, 쳇바퀴 도는 생활의 연속인 학교와 동성애 혐오적인 대화가 일상인 집안에서의 괴리감은 하제의 마음을 더욱 병들게 했다. 멋 부리기 좋아하는 오빠에게 "너 게이냐"라고 쏘아붙이는 아빠, 자신이 범성애자임을 커밍아웃했으나 "세상에 그런 건 없어"라며 단호하게 굴던 오빠, "쓸데없는 데 관심 좀 갖지 말라"는 엄마의 말에 정신질환은 더 심해졌다. 언제 끝날지 모를 이중생활에 지쳐버린 하제가 택한 건 가출이었다. A4 용지 세 장을 꽉 채운 가출의 변, 그리고 병원에서 뗀 진단서가 그가 남긴 전부였다.

하제 그 뒤로 언니 집에 정착하기 위해 007 작전을 펼쳤죠. 옷도 갖다 놓기 위해 몇 겹을 껴입고 나가고, 소중한 물품들도 데이트할 때마다 옮겨 놨어요. 그렇게 철저하게 안 들키려 했던 이유가, 작전 펼치기 한 달 전쯤에 부모님이 청소 상태가 불량하다며 제 방을 뒤집어놓은 일이 있었거든요. 그 사건 때문에 너무 스트레스 받으니까 집에 있는 모든 물건이 위험해 보이는 거예요. 자유를 보장받기 위해 이 집을 나가야겠다고 결심한 계기였죠. 오죽하면 들켜서 감금당할까 봐 언니한테 구출 방법까지 알려줬겠어요.

달의이면 나중에 부모님한테 아는 언니네 집에서 산다고 했대요. 거짓말은 아니잖아요. (웃음)

대부분의 성소수자들이 원가족과의 관계 형성 및 분리 과정에서 겪는 일들을 달의이면 또한 겪었다. 문재인 당시 대통령 후보가 동성애에 대한 입장을 밝힌 후 가진 기자회견 때 성소수자들이 무지개 깃발을 들고 그 앞으로 향한 장면을 우리는 또렷이 기억한다. 그날 달의이면은 암담하고 절망스러운 마음에 엄마에게 범성애자임을 커밍아웃했으나 돌아온 대답은 "굳이 왜 네가 운동을 하느냐" 그리고 "결혼은 여자랑 할 거지?"였단다.

달의이면 홍석천 씨 보고는 멋있다고 한 엄마가 순식간에 '내불남로

(내 자식이 하면 불륜, 남이 하면 로맨스)'로 바뀌신 거죠. 지금도 제가 애인이 있다는 것만 알고 하제랑 같이 사는 건 모르세요. 이전 애인은 퀴어임을 말씀드려서 그런지 "이번에는 여자니?" 물어보시긴 했어요. (웃음)

성별 이분법은 태어나면서부터 갖게 되는 불변의 섭리이자 신이 내려주신 자연의 법칙이라고 믿는 사람들 속에서 그들의 고군분투는 여전히 현재진행형이다. 지인으로부터 "당신은 그냥 의복도착증인 남성일 뿐이야"라는 말을 들었다는 달의이면에게 아무도 미안해하지 않으니까 대신 미안하다는 말을 건넸다는 하제의 마음도 절박한 현실을 대변한다. 서로가 서로에게 얘기하지 않으면, 다른 사람들에게 얘기를 꺼내지 않으면, 아무도 모를 일이고 아무도 미안해하지 않을 날들이니까.

그러한 세상과 정면으로 마주친 시간이자 혐오의 시선으로 가득한 공간이었던 경복궁에서의 첫 데이트를 그들은 또렷이 기억한다.

하제 저는 처음으로 크로스드레싱cross-dressing을 했어요. 숏컷에 갓 쓰고 남성 한복 입으니 잘 생겨 보이더라고요. (웃음) 조끼가 가슴을 딱 눌러주는 게 너무 행복했고, 그렇게 한복 입고 돌아다니는데 아재들이 이상한 눈초리로 보기에 엿 먹으라 했죠. 언니랑 대놓고 뽀뽀도 하고요. 근데 저보다 언니가 시선을 너무 많이 받으니까 그게 싫더라고요. 내가 호감 갖고 있는 사람이 문제 있는 것처럼 낙인찍히니까 그때 좀 각성했어요. '내가 이 모습이면 어떻고 저 모습이면 어때?' 그리고 그날 집에 가는 길에 언니가 갑자기 호칭 얘기를 해서 젠더퀴어임을 서로 드러냈어요.

달의이면 저는 스스로를 남자로 인식하는 경우가 거의 없어요. 무성이랑 여성 그 어디쯤 있지 않을까 생각해요. 굳이 느낄 때가 있다면 애인이랑 '해피타임' 가질 때 정도인데, 그냥 있는 거 쓰는 거죠.

:: 경복궁 데이트 중인 두 사람

한 존재를 있는 그대로 받아들이는 세상, 그 사람 자체로서 존중하고 인정하는 사회라면 스스로를 더욱 자연스럽게 보게 될 거라는 진리가 하루빨리 모두에게 받아들여지길 기원한다.

서로의 용기이고 서로의 완성

우여곡절 끝에 일상을 함께하게 된 두 사람. 처음이기에 서툴렀지만 서로 맞춰가는 나날 속에서 두 사람은 가족이 되어갔다.

> 하제 집에서는 언니가 한때 요리에 관심도 많았고 해서 요리를 다 해요. 또 제가 가진 우울증 삽화 가운데 하나가 맛을 잘 못 보는 것이기 때문이기도 하고, 섭식장애도 있는 데다 식칼도 좀 무서워해서요. 대신 저는 꼼꼼한 편이라 제가 청소하면 집이 달라져요. 설거지도 제가 하고요.

입맛 또한 마찬가지다. 나의 입맛을 상대방에게 강요하기보다 상대방의 입맛을 알아가고 어느새 그 입맛이 내 입맛과 어우러지는 경험이 쌓이고 있다. 거기에 (달의이면의 표현에 따르면) '사랑이라는 메인 요리'가 함께하니 건강도 행복도 따라오게 된다는, 〈알쓸신잡〉에 나올 법한 이야기조차 현실로 만드는 재미를 두 사람은 만끽하고 있다.

하제 물론 마냥 좋을 때만 있는 건 아니에요. 제 우울증이 행동으로 나타나려 할 때 언니가 매번 말려주는 게 미안하면서도 고맙죠. 또 제가 잠들기가 힘들어서 한번 자면 쉽게 못 일어나는데, 누가 깨우려고 하면 차갑게 돌변하거든요. 한번은 언니가 깨우려고 할 때 제가 그만 지정성별 남성으로서 달고 있는 언니의 급소를 찬 적도 있어요. 반면 언니는 일이 마음대로 안 풀리면 쉽게 흥분하는 경향이 있어서 제가 곁에서 잘될 거라고 다독이곤 해요. 서로 보완해 나가면서 커가는 거죠.

얼핏 이성애자 커플의 삶과 겹쳐 보이기도 하는데, 사랑하는 두 사람의 자연스러운 일상의 모습이니 겹쳐 보이는 게 당연할지도 모른다. 그러면서도 두 사람은 비혼 퀴어 커플로서의 삶을 기꺼이 짊어진다. 서로의 차이를 '남자는 왜 저래' '여자는 왜 이래'라고 치부하지 않는, 지정성별에 따른 성역할이 절대적이지 않으며 생식기에서 나온 것이 아님을 체득한 이들의 관점이야말로 당연한 시선으로 느껴진다.

달의이면 남성과 여성으로서의 공장식 사회화의 결과가 문제라고 생각해요. 하지만 저희는 몸의 문제를 제외한 많은 것에 있어서 이해하기 힘든 점들을 충분히 대화해 나가면서 맞출 수 있다고 믿어요. 그래서 마찰이 좀 덜한 것 같아요. 그뿐만 아니라 둘 다 젠더퀴어로 숨김없이 정체화했기 때문에 지정성별로 나타날 법한 젠더 권력을 경계하는 측면도 강해요.

개별적이고 고유한 정체화 과정은 그 사람을 표현하는 독특한 성질의 경험이다. 각자의 눈에 비친 자신의 모습은 그동안 어떻게 변해갔는지 궁금했다.

하제 팬픽이나 BL 만화는 다 소비하면서 '현실에서 게이를 만나면 어떻게 해야 할지 모르겠다'고 하던 과거가 있었죠. 중학생 때 학교폭력에 휘말린 적이 있어서 고등학교 올라가서는 조용히 지냈는데, 그러다 알게 된 동성 친구가 이상하게 신경 쓰이는 거예요. 그럼에도 '나는 남자랑 결혼해야 해'라는 생각이 있었는데, 한 친구가 헤벌쭉하는 저한테 "너 개 좋아하냐?"라고 물어서 번쩍한 거죠. 바로 집에 가서 '동성애' 검색해보고, 좀 더 알아보다가 '범성애자' 개념을 접하고는 '아하!' 했어요. 그 후에는 온라인 카페 활동, 오프라인 번개 등도 했는데 지금 생각해보면 그렇게 다양한 활동을 했던 게 의미가 컸던 듯해요.

달의이면 저는 성적 지향 정체화는 너무 쉬웠고, 대학 입학 후 제대하고 나서 젠더에 대한 고민을 하게 됐어요. 커밍아웃한 후배가 장난으로 저를 화장시켜줬는데, 제 모습이 너무 예쁘고 좋은 거예요. 영화 〈대니쉬 걸〉 주인공 같았죠. 그러고는 처음 여장 카페에 가서 풀세팅

분장을 했는데 정말 황홀했어요. 여성으로 패싱되었을 때 위화감도 전혀 없었고, 자연스러웠던 거예요. 그 뒤 다시 남자 옷을 입었는데 무척 거북했고, 디스포리아gender dysphoria* 때문에 힘들었어요.

학창 시절 많이 풀어본 시험 문제에 빗대어 사람들은 종종 자신의 기분을 어떤 서술형 문제의 문체로 설명하곤 한다. '○○한 상황일 때 □□한 경우 ◇◇의 기분을 서술해보시오. [n점]'
나는 이런 문제에서 논바이너리와 패싱의 상관관계를 서술하는 일을 0점으로 매길 수 있는 날이 오길 바란다. 이런 서술이 의미 없는 일로 여겨지고 모두가 자기 그대로의 모습으로 존중받고 존중하는 것이 바로 내가 바라는 일이니까. 이런 일들은 더욱 사소해지고, 언젠가는 사라져야 한다.

'삼포세대'라는 말이 있지요? 이제는 신조어를 넘어 시대의 상식이 되어버린, 돈이 없어 사랑을 쉽게 택하지 못하고 저어하는 저, 당신, 그리고 우리 모두를 지칭하는 말이지요. 뭐, 굳이 박복함을 비교하며 누가 더 불행하나 입씨름할 생각은 없지만, 우리 논바이너리는 삼포일지도 모르는 상황에서 또 다른 이유가 하나 더해져 사랑을 저어하게 됩니다.

– 두 사람이 논바이너리 팀블로그에 쓴 글 중에서

---

* 젠더위화감이라고 하는데, 젠더위화감은 젠더 경험의 일부에서 오는 부정적 느낌을 가리킨다. 《젠더여행자를 위한 번역책자》.

한층 착잡한 건 두 사람이 각각 논바이너리로서 젠더 실천을 하는 동안에도 대중은 생물학적 성에 집중하고, 이로 인해 두 사람이 겪는 경험은 각기 다를 수 있다는 점이다. 크로스드레싱 후 이태원 클럽에서 달의이면이 백인 남성에게 플러팅flirting당하는 경험을 하는 동안 하제는 덩치 큰 남성들에게 동의 없이 뽀뽀 세례를 받는 성추행을 당했다는 경험의 간극을 어떻게 받아들여야 할까.

> 하제 결국 그들은 치마 입은 남자랑 놀기 싫었고, 저는 크로스드레싱을 해도 티가 나니까 그들에겐 그냥 여자로 보인 거예요. 같은 클럽에서 이게 뭔 일인가, 우린 즐겁게 놀려고 왔는데… 둘 다 기분 나빠져서 그냥 바로 집에 갔어요. 약간 상대적 박탈감을 느끼는 경우도 있는데, 좋았던 순간도 많으니까 그냥 그걸로 버티는 거죠.

그러한 간극은 성소수자 커뮤니티 안팎에서도 극명하게 벌어진다. 커뮤니티 내에서는 지정성별 남성과 여성이 커플인 모습에 왠지 낯설어하면서도 커밍아웃하면 대부분 그 자체로 받아들이는 순간이 많지만, 밖에 나가면 또 다른 측면에서 희귀한 사람이 되는 것이다. 쓸쓸한 일이지만 두 사람은 스스로가 원하는 모습으로 살고 있다고 위안하며 일상을 살아가고 있다.

> 하제 저희는 결국 서로의 용기이고 서로의 완성이에요. 같이 활동하

면서 동지애를 느끼죠. 서로가 없었으면 혐오 발언에 목소리를 내는 것도, 젠더 실천을 끊임없이 하는 것도 힘들었을 거예요. 가치관이 비슷한 사람들이 연애를 하니까 활동하는 데 도움을 주고, 서로 배우면서 같은 곳을 향해 싸우는 게 너무 좋아요. 애인 이전에 인간으로서 무언가가 차오르는 게 느껴져요.

누구나 가족이 될 수 있다는 마음으로

두 사람의 성애적 실천에서 또 하나 빼놓을 수 없는 게 바로 폴리아모리스트로서의 삶이다. 서로의 생각을 확인하고 합의하에 다른 사람과의 만남을 그대로 존중한다는 건 어떤 마음일까?

하재 사귈 때부터 서로 폴리아모리 성향이 있음을 확인하긴 했는데 둘 다 경험은 없었거든요. 그런데 올해 제가 다른 애인을 만나면서 셋이 함께하게 된 거죠. 두 번째 애인과는 잘 만나진 못하지만 쉬어가는 관계예요. 각자의 삶을 살면서 서로가 편하게 만날 수 있을 때 만나자고 얘기했어요. 자주 싸우긴 하는데 죽은 잘 맞는 편이에요.

달의이면 사실 저는 폴리아모리라는 게 관념적으로만 있었지 상대방의 관계를 곁에서 지켜본 건 처음인데, 초반에는 속으로 끙끙 앓다가 중간에는 "그래, 당신을 가질 수 없다면 절반이라도 갖겠어"라고 말했어요. 영화 〈글루미 선데이〉에 나오는 대사죠. 지금은 그냥 잘 다녀오라고 얘기하고, 한번은 셋이 만난 적도 있어요. 가끔은 하제에 대한 정보도 그 사람과 공유하곤 해요. '하제는 있잖아, 어떤 걸 좋아해' 이런 식으로요. 소유는 물건에나 해당하는 말이고, 사람은 소유할 수 없다고 생각해요.

이처럼 신뢰와 의지가 더해져 더욱 단단해지고 있는 두 사람이 생각하는 가족/공동체의 모습은 어떠할까?

하제 더불어민주당 진선미 의원이 추진하고 있는 '생활동반자법' 대상 가족/공동체야말로 제가 예전부터 생각해왔던 가족 형태와 완벽히 부합하더라고요. 정상 가족에 대한 개념이 흐릿하고 '누구누구랑 동거할 거야'라고 집안에 얘기하면 혼나면서 '피로 맺어진 것만이 가족일까? 그냥 내가 좋아하는 사람들과 함께 공동체를 만들기로 결정했으면 그게 더 의미 있는 가족 아닐까?' 하는 생각을 했어요. 탈가정을 한 상황에서 이렇게 언니와 가족이라고 말할 수 있는 공동체를 이루고 사는 거잖아요. 그래서 생활동반자로 꼭 인정받았으면 좋겠어요. 오늘 인터뷰하러 올 때도 같이 손잡으면서 "우리는 이제 가족이야"라고 말하기도 했어요.

전통적인 가족의 개념이 이미 많이 퇴색한 현시대에 원하는

가족의 상을 적극적으로 사유하고 실천할 수 있다는 건 참 다행스러운 일이다. 최근의 비혼주의, 1인 가구, 동거적 실천 등 대안 가족의 형태는 숨 막히는 '정상 가족'의 제약에서 이제 벗어날 수 있다는 안도감을 준다. 지정성별 남성인 애인을 '언니'라 부르든, 애인을 혼자 독점하지 않고 다른 사람과 사랑을 나누게끔 하든, 그것은 오롯이 두 사람의 몫이며 누군가가 대신 사는 삶이 아닌 것이다.

달의이면 영화 〈가디언즈 오브 갤럭시〉에서도 대안 가족 형태가 눈에 띄더라고요. 서로 피 한 방울 안 섞인 애들이 옥신각신하다 팀을 맺는데, 거기에 보면 가족이라는 뉘앙스를 풍기는 대사라든가 상황이 있거든요. 근데 한국에서는 대안 가족에 대한 이야기가 잘 없단 말이죠. 게다가 저희는 참 특이한 경우잖아요. 논바이너리, 팬섹슈얼, 폴리아모리인 두 사람이 만나 커플이 되는 게 쉽지 않은데. (웃음)

하제 저는 왜 이게 희귀한지도 모르겠고, 희귀하지 않아야 한다고 생각해요. "아, 너넨 그렇구나. 우리는 이래" 아니면 "자, 그래서 밥은 뭐 먹을 건데?" 같은 반응이 나왔으면 좋겠어요. 한번은 지인이 어떤 만화에 우리 사연을 그린 적이 있는데, 주변 사람들이 다 알아보더라고요. 이런 조합의 커플이 거의 없으니까요. 난 정말 많이 만나고 싶은데 왜 없을까 궁금해요.

논바이너리, 폴리아모리를 실천하는 사람으로서 커밍아웃하며 살아가는 세상은 과연 올 것인가. 이번 인터뷰가 다양성의 확장과 무한한 가능성을 다시 한번 생각해보는 기회가 되기를 바라면서, 마지막으로 지정성별과 이성애 중심 일부일처제가 여전히 공고하기만 한 현실에서 그들이 바라는 점은 무엇인지 물었다.

하제 어떤 사람이든 다 가족이 될 수 있다는 가능성을 알아줬으면 좋겠어요. 시스젠더 헤테로섹슈얼 남녀, 그리고 그들이 성관계해서 태어난 아이들로 구성된 형태만 가족이라는 인식은 이제 바뀌고 있지 않나 생각하거든요. 예를 들어 '나랑 내 강아지가 가족'이라고 할 수도 있는 거죠.

달의이면 일단 이런 인터뷰 기회가 있어서 정말 감사해요. 우리 얘기를 허심탄회하게 실을 수 있는 지면이 생겼다는 게 상당히 뜻깊어요. 〈가디언즈 오브 갤럭시〉 1편에 "We are groot"라는 대사가 나오거든요. 가족에 대한 고정관념을 가진 분들이라면 이 대사를 한번 곱씹어봤으면 좋겠어요. 피 한 방울 섞이지 않았음에도 '우리는 하나다'라고 말할 때 느껴지는 인류애, 서로에 대한 애착, 연대감이 저는 더 끈끈할 수 있다고 생각해요.

아직 정상 가족 신화는 견고하고, 새로운 가족을 염원하는 이들이 부족함 없이 살아가기에 사회의 장벽은 높기만 하다. 사회 · 경제적 논리가 영락없이 적용된 정상 가족이라는 개념이 과연 보편적이고 불변하는 진리인지 다시 한번 되물을 때이다. 다양한 삶을 몸소 실천하고 있는 모든 가족/공동체에 깊은 응원과 지지를 보내며, 더 많은 성소수자들이 자신이 원하는 모습으로 행복하게 살아가기를 기원한다.

우리네 보통의 이웃

《신新가족의 탄생》은 2016년 5월부터 2017년 7월까지 친구사이 소식지팀과 가구넷에서 기획 연재한 인터뷰를 재편집한 모음집으로, 열 가지 가족공동체의 이야기를 오롯이 담고 있다. 처음 이 기획을 가구넷에 제안했을 때는 '시작이 반'이고 '맨땅에 헤딩' 한 번 해보자는 생각이었다. 이제 와 돌아보니 그 자체로 온전한 우리의 사랑을 성소수자 가족공동체 당사자의 입으로 직접 들어보자는 애초의 목적을 어느 정도 달성한 듯해 감사하고 뿌듯하다.

모름지기 인터뷰집의 운명은 인터뷰이들에게 달려 있기에 한 사람 한 사람이 만나고 모여 관계를 맺고 사랑을 만들어가기까지의 과정을 열린 귀와 궁금해하는 마음으로 듣고 보고 느끼고자 했다. 가장 어려운 건 섭외였다. 아직도 성소수자에 대한 차별과 혐오가 차고 넘치는 한국 사회에서 담대하게 인터뷰에 응해줄 가족공동체가 과연 얼마나 될지 의문이었다.

끝내 열 차례의 만남이 성사되고 인터뷰를 진행하면서 들었던 생각은, 그들 모두 그저 우리 주변에서 흔히 볼 수 있는 '보통의 이웃'이라는 점이었다. 함께 장을 봐서 밥을 해 먹고 집안일을 하면서 사랑을 키워가는 커플, 공통의 관심사나 목표를 가지고 주변과 연대하며 살아가는 공동체 사람들. 단지 성별, 성 정체성, 성적 지향, 가치관 등 개개인의 특성이 다를 뿐, 함께 호흡하며 일상을 보내는 사람들이 평범하게 살아가고 있었다. 그럼에도 '정상' 가족이 아니라는 이유로 법적 보호를 받지 못하고 누군가에게는 눈엣가시가 되는 현실 역시 뼈저리게 마주해야 했다.

그렇기에 이들의 이야기가 더 많은 사람에게 알려지길 바랐고, 좋은 기회를 얻어 빛을 보게 됐다. 인터뷰에 흔쾌히 응해준 모든 분께 진심으로 감사드린다. 기획자의 제안을 믿고 맡겨준 한국게이인권운동단체 친구사이, 그리고 성소수자 가족구성권 보장을 위해 앞장서는 연대체인 가구넷 덕분에 안정적인 진행이 가능했다. 함께 인터뷰를 준비하고 사진 촬영에 힘을 보태준 낙타 님께도 고마움을 표하고 싶다. 성소수자 이슈에 꾸준한 관심을 가지고 성소수자 인권 보장을 지지하는 뜻으로 출판을 결정해주신 시대의 창 김성실 대표님께도 이 자리를 빌려 감사 인사를 전한다.

《신新가족의 탄생》기획 연재를 시작한 지 어느덧 2년이 다 되어가지만, 성소수자 인권을 위한 우리 사회의 발걸음은 더디기만 하다. 차별금지법 제정, 동성 결혼 법제화, 군형법 92조 6항의 폐지, 지자체 성평등 기본 조례 제정·보완·유지 등 해묵은 과제도 많다. 부디 이 책이 이런 문제에 관심 없던, 이런 문제를 잘 모르던 혹은 모른 체하던, 그리고 알고 싶어 하던 사람들에게 깊은 울림을 주고 변화된 행동을 이끌어낼 수 있기를 소망한다. 성소수자에게 인권은 목숨이다. 우리는 가시화를 통해 존재를 드러내는 일과 당연한 권리를 주장하는 일을 멈출 수 없다.

크리스(친구사이 | 기획 및 집필)